# 雨の向こうはいつも晴れ

# Beyond

水谷 修
Mizutani, Osamu

日本評論社

目次

# 降り続く雨はない

## message

## episode
# 雨が降らなければ、虹は出ない

## topic

### 雲の向こうはいつも晴れ

# 降り続く雨はない

message

# 花はなぜ美しいのか知っていますか

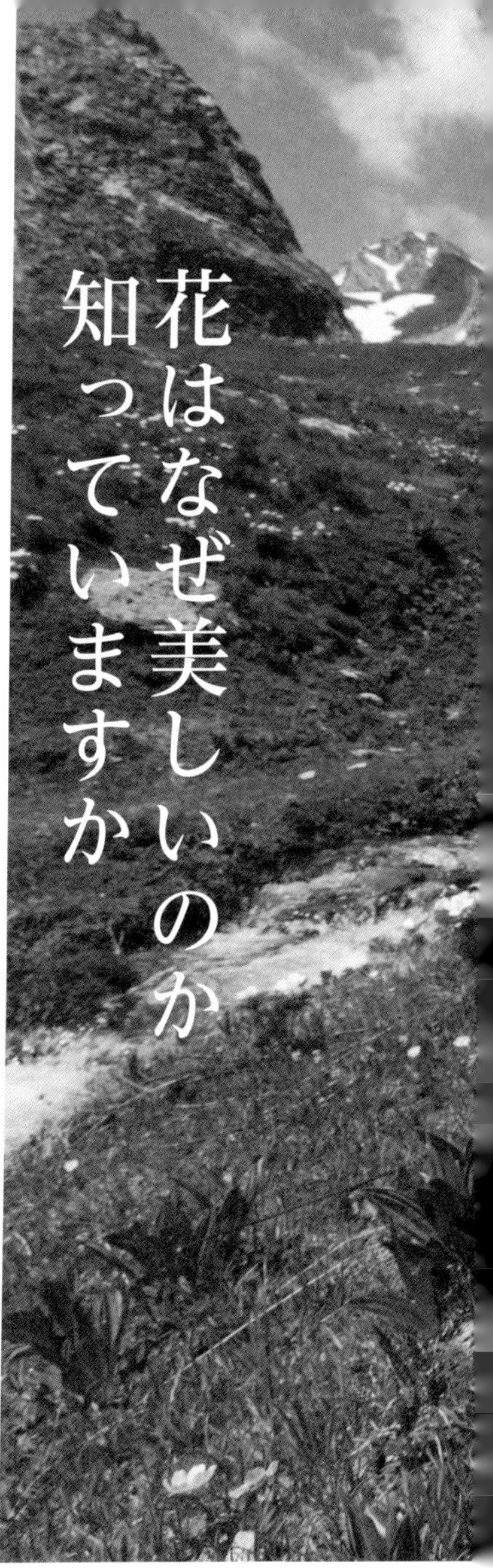

それは、その短い命を精一杯生きているからです。夏の暑さや激しい雨に叩《たた》かれ、冬の寒さに震えながらも、ただひたすらその命を次につなぐために生き抜いています。100の花には100のそれぞれ異なった美しさがあるのに、人間にはそれがないのでしょうか。

私はそうは思いません。どの人にも、その人にしかない美しさがあります。こころの中の哀《かな》しみや汚れを取り去れば、みんな美しい。

# こころできちんと見ていますか

美しいものを見たら、きちんとそれをこころの中に刻み込みましょう。方法は簡単です。目をつぶってもその姿がまぶたに浮かぶまで、きちんと見るのです。すてきなことがあったら、それをきちんとこころの中に刻み込みましょう。方法は簡単です。そのすてきなことを何度も何度も思い浮かべればいいのです。

私は哀しい時、つらい時、いつも目を閉じます。そして、かつて見た美しいものや、かつて触れたすてきなことを思い出します。

# 自分に自信がないという君へ

君は、そんなに駄目な人間なのですか。私はそうは思いません。

君は、宇宙にたった一人しか存在しない大切な宝物です。

自分から逃げることはできません。洋服は変えることができても、君自身を捨てることはできないのです。

人のために何かしてみよう。きっと返ってくる「ありがとう」のことばが、生きていることの意味を教えてくれ、君の自信となります。

人生の目的を
探しませんか

山登りは頂上に到達するという目的があるから、途中がどんなに苦しくても一歩ずつ足を前に出して歩み続けることができます。そして、山頂に立った時、大きな達成感と充実感を手にすることができるのです。

人生は、この山登りと一緒です。目的がないと、苦しくなった時へこたれたりあきらめたりしてしまいます。でも目的があれば、どんなに苦しくても歩み続けることができます。そして、達成した時、こころからの喜びと幸せを手にすることができるのです。

# 「寂しさ」を乗り越えよう

今、多くの人たちが、「寂しさ」を嫌います。でも、寂しいことは悪いことなのでしょうか、困ったことなのでしょうか。私は、まったくそうは思いません。

もともと私たち人間は、寂しい存在です。メールや携帯電話、ネットなどを使って「寂しさ」から逃げようとしても、それは一瞬の自己満足です。すぐにもっと大きなものとなって返ってきます。「寂しさ」は受け入れるしかありません。

「寂しさ」に慣れてみませんか。一日の中で、何もしない時間を作るのです。

# 自分のことを、自分だけで考えて悩むのはやめよう

なぜなら、鏡に映《うつ》る姿だけが自分ではありません。相手から見た姿も含めて、本当の自分と言えるからです。

だからこそ、悩んだり困った時は、身近にいる家族や友だちに相談しましょう。自分では気づいていない長所や短所を冷静に見てくれているはずです。その貴重な意見に耳を傾けましょう。決めつけやとらわれから解放されると、自分の長所をもっと育てることができます。

# 規則正しい生活で心身のリズムを整えよう

「健全なる精神は健全なる身体に宿る」のことわざもあるように、身体と精神は密接な関係でバランスが保たれています。昼夜逆転の生活を続けていると、生活のリズムが崩《くず》れてしまいます。だからこそ、規則正しい生活を送ることが大事です。

夜更《よふ》かしはやめて夜10時には眠り、朝6時には自分で起きる。朝昼晩の食事をきちんと食べ、昼間はからだを十分動かす。これで、病魔を寄せつけないからだとこころが作れます。

# 夜は携帯やゲーム、ネットを使わない

みなさんは夜、ゲームやインターネットをしていませんか。携帯電話やメールで誰かと話していませんか。でも、これはとても危険です。

人間にとって夜は眠る時間です。極端に言えば、いったん死ぬ時間です。だから、私たちは暗闇を怖《こわ》がります。こころが不安定になり、不安にさいなまれます。

そんな夜に、仮想現実の世界に入ることは危険です。自分を見失ったり、言わなくてもいいことばを口にして相手を傷つけたり、傷つけられてしまうこともあります。夜9時から朝6時までは、携帯電話やネット、ゲームをやめましょう。

# 思いつきで動くことはやめよう

みなさんはフェイスブックやラインを使う時、無視されることや傷つくことを恐《おそ》れて、思いつきで返信していませんか。また、既読《きどく》無視と思われることを恐れ、そのシステムに翻弄《ほんろう》され、反応しているだけではありませんか。

本来、考えるということはじっくりと時間を要するものです。思いつきや反応だけを繰り返していると、考える力は育ちません。

本当に相手とコミュニケーションを取りたいのなら、直接顔を合わせて話しましょう。こころが通い合います。

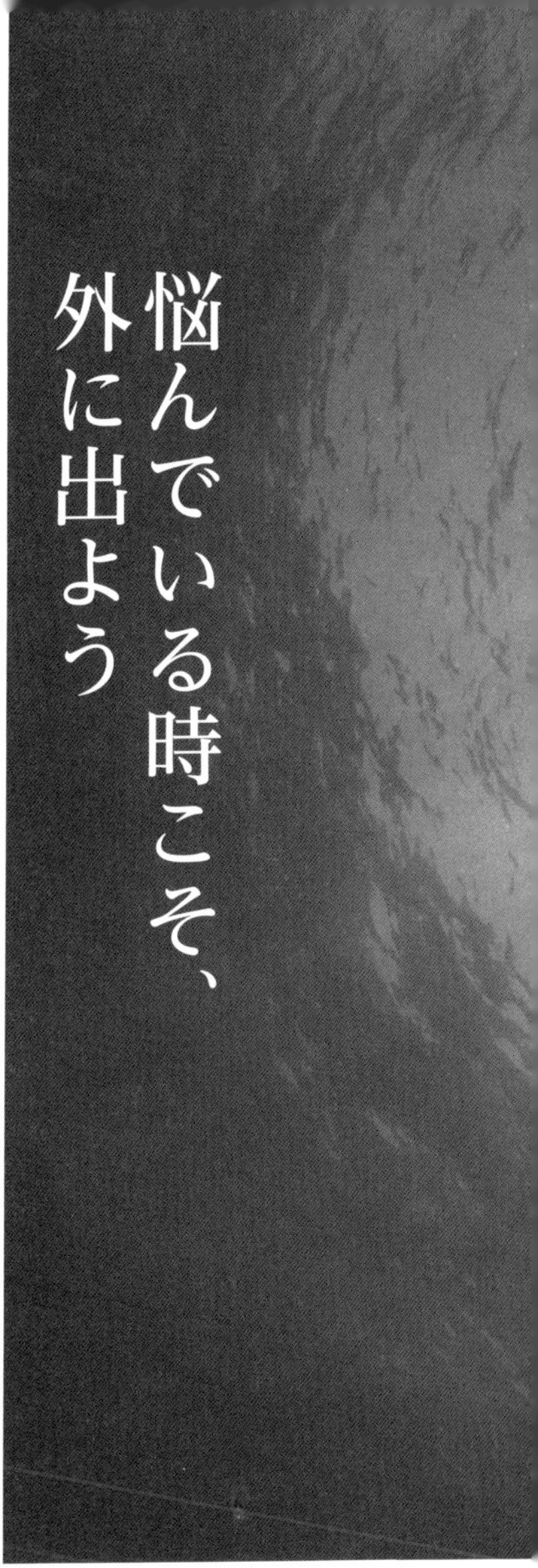

# 悩んでいる時こそ、外に出よう

閉じこもることは、むしろ、悩みの中心に居続けることになり、つらさが増すだけです。悩んでいる時こそ、苦しい時だからこそ、太陽の下に出てからだをきちんと動かしましょう。自然の中で美しい景色《けしき》や花、鳥の声にたくさん触れながら1、2時間ひたすら歩き回ればいいのです。

こころが疲れたら、からだもきちんと疲れさせること。これが、傷ついたこころを癒《いや》してくれる一番の良薬です。

# 大地から元気をもらおう

散歩のついでに大地から元気をもらいませんか。近くの公園や森に行き、靴や靴下を脱ぎ捨てて、裸足《はだし》で歩き回ってみてください。踏みしめた土はあたたかく、やわらかく、そして優しく、足を包んでくれるはずです。直接、裸足で踏みしめてこそ、本当の大地を感じ取ることができるのです。

しかも、自分の足でじかに地球と触れ合うと、足から全身へと力が湧《わ》き上がってくるのを実感できます。気分をリラックスさせる効果もあります。

# 人はどんな人でも、不完全な存在です

人は無意識のうちに誰かを傷つけてしまうことはたくさんありますし、してはいけないことをしでかしてしまうこともあります。でも、過去にこだわり、大切な今を過去に引きずられて生きることは、明日を汚します。それどころか、未来を失います。

過去は忘れるのではなく、捨て去ることが大事です。過《あやま》ちを繰り返さないように反省し、きちんと償《つぐな》えば、新たなこころで新しい日々を始めることができます。

これができたら、明日に向かいましょう。今日を明日のために使うのです。

# 汚れたこころを抱いて、嘆き苦しんでいてはいけません

私たちは生きていく中で、みずからこころを汚すことがあります。また、誰かに汚されてしまうこともあります。

でも、こころの汚れは落とすことができます。反省し、罪があれば償うことで汚れを洗い流すのです。生まれた時と同じ純真なこころ、何色にも染まっていない真っ白で美しいこころが、私たちの中にはずっと存在しています。

# みんな違って、みんないい

私たちは人との触れ合いの中で生きています。でも、自己主張が強過ぎれば人を傷つけ、その結果孤立してしまうこともあります。そうかといって、自己主張をせずにいたら、ただその中で流されるだけになり、苦しむこともあります。

私は、この社会は「おでんの鍋《なべ》」だと思っています。さまざまな具が自分の味を主張しながら、お互いを引き立て合ってこそ、おいしい味になるからです。

人間も同じです。みんな違って、みんないい。でも、みんなで理解し合えれば、もっといいんです。

# 性格を変えたいと思っている人へ

まずは、自分の行動のパターンを変えましょう。いつも下を向いている人は目線を上げてみてください。まわりを見渡して美しいものを探しましょう。命をいつくしむ優しいこころを育てるのです。

次に、思考のパターンを変えましょう。できるだけ多くの人と話をして、今までの自分にはなかった、ものの見方や考え方をたくさん学ぶのです。きっと新鮮な驚きがあるはずです。

これらの経験が、君の性格にゆとりを与えてくれます。

# いじめは、今、解決しよう

いじめられていると感じている君、実際にいじめにあっている君、身近にいる1人でも多くの大人たちにその事実を伝えてください。

我慢《がまん》すればいいんだと考えている人もいるかもしれません。でも、それは間違いです。我慢を重ねていると、こころに大きな荷物を抱え込みます。これが、将来、人を信じることができなくなったり、びくびく脅《おび》えて生活する大きな原因となります。不登校や引きこもりになる前に、死にたいと思う前に、いじめは、今、解決しておかなくてはならないのです。

# つらさや哀しみは、絶対に我慢しない

痛みは「そこに病気や病気のもとがありますよ」と、からだが教えてくれているのです。だから、すぐに手当をしたり専門家の治療を受けたりしているはずです。

つらさや哀しみも同じです。「このままでは君はパンクしてしまいますよ」と、こころが知らせてくれているのです。だから、絶対に耐えたり我慢してはいけません。すぐにまわりの大人たちに知らせてください。リストカットをしたり死を求めてしまう前に、専門家の力を借りて解決するのです。

# どんなにつらくても、触れ合いを断ってはいけません

たとえば、親や先生から理不尽《りふじん》なことを言われても、すべての大人に背を向けないでください。まわりの大人たちにそれを訴《うった》え、泣いていい、叫《さけ》んでいい、助けを求めてください。必ず救いの手を差しのべてくれます。

1人の友だちを失ったからと、「死にたい」と言わないでください。そんな時こそ、まわりの人にたくさんの優しさを配《くば》って、新しい友だちを作るのです。

人は、人との直接の触れ合いの中でしか自分を磨《みが》くことはできません。そうすることでしか、明日を作ることはできないのです。

# 子どもの仕事は、学ぶことです

子どもには、社会や人の役に立つ人間として自立できるように、健康なからだを作り、多くの知識を得る時間や経験をする時間が与えられています。大人にとって働くことが義務であるように、勉強したり鍛《きた》えることは君たちの仕事であり義務です。

毎日きちんと学びましょう。学校の勉強だけでなく、本を読むことでも、スポーツをすることでも、料理を作ることでもいいので、君たちの将来に役立つことを日々続けましょう。必ず、君たちの明日の幸せにつながります。

# 新しい出会いを求めて、旅をしよう

つらい時、苦しい時、哀しい時、少し立ち止まることは大切です。でも、すぐに立ち上がり、新しい出会いを求めて人生を歩き始めましょう。

哀しい過去や今は、その傷を受けた場所にいても癒すことはできません。だからこそ、家や学校、ふだんの生活からできるだけ離れるために、旅に出てみませんか。夜行列車に乗って知らない町に行ってみる。1日だけ自分の住む町を出てみる。それが無理なら、自分の住んでいる町を半日さまよってみる。それだけでもいいのです。旅先での出会いや経験が、君の明日をがらっと変えてくれます。

# 継続は力なり

私は高校時代から哲学や宗教学を学び続けています。学生時代はわからないことだらけで、つらい日々でした。でも40年近く学んでいると、なかなかおもしろいものです。理解が深まり、自信もついてきます。１つのことを何十年にもわたって長く学び続けることは、人生を歩むうえで大きな力になります。

得意なことはもちろん、好きなことや興味のあることを見つけて、つらくてもそれを継続して学びましょう。必ず、人生に最高の花を咲かせてくれます。

# やまない雨も、晴れない曇りもありません

こころに問題を抱えた時や気分が晴れないと感じた時は、新鮮な空気を吸いに外に出ましょう。そして、気持ちをきちんと切り替えるのです。必ず、解決の糸口が見えてきます。

なぜなら、たとえ今は土砂降り《どしゃぶ》りの雨が降っていても、その厚い雨雲の向こうには、いつも太陽が輝いているからです。

やまない雨はない。晴れない曇りもないのです。

雨が降らなければ、
虹は出ない

episode

# たくさんの出会いが人生を豊かにする

若い時にいい思い出をたくさん作ることは、人生を豊かにします。つらい時や哀《かな》しい時は、楽しかった思い出を振り返るだけで新しい力が湧《わ》いてきます。

私は19歳から21歳までヨーロッパにいました。ドイツの大学で哲学を学ぼうと決心して、大学2年の春に日本を飛び出したのです。しかし、そんなに甘いものではありませんでした。ドイツでは大学入学資格試験に落ちてしまいました。そうかといって、日本に戻ることなど恥《は》ずかしくてできません。人生のレールからはずれてしまい、仲間たちから置いてきぼりにされたような劣等感をいつも抱いていました。

でも、腐《くさ》ることなく「たった一度きりの自分の人生だ、悔《く》いのないように生きよう」と自分に言い聞かせて、絶対に立ち止まることなく、胸を張って生きていました。

アルバイトをして生活費を稼《かせ》ぎながら、ストックホルム、コペンハーゲン、ハンブルク、ミュンヘン、ウィーン、ブダペスト、ソフィア、パリ、ミラノ、ローマ、アテネ、ロンドン、マドリードと約3年の間、異国の地を放浪しました。レストランで働いたり、パリではサーカスの団員になったり、東ヨーロッパへの密輸に手を染めたりとさまざまな仕事をし、たくさんの出会いを手に入れました。

今になって思えば、この時の人生の遠回りが、私を変えてくれました。今の私があるのは、あの時の経験があるからです。

成人式の日、私はパリにいました。モンパルナスにある行きつけのワインバーで、一人寂しく飲んでいました。この店は開店したばかりで、アルジェリア人の若いジョルジュ夫妻が切り盛りしていました。

いつになく寂しそうな私に、ジョルジュが話しかけてきました。「オサム、今日は何かつらいことがあったのかい？」私は今日が自分の成人式の日であること、しかも日本では、成人式は家族だけでなく社会全体で祝うことを話しました。その習慣を思い出して、ちょっと寂しくなったことも告《つ》げました。

それからは大変でした。ジョルジュは店の客全員に「今日は、オサムの大切な日だ。みんなで祝おう。ワインは飲み放題にするよ。私からオサムへのプレゼントだ」と言って、みんなで祝ってくれました。最高の成人式でした。

さらに、パリにはもう一つ忘れられない出会いがあります。

南米のアルゼンチン出身で同い年のロドリゴと親友になったのです。彼は故郷の大学を中退し、路上でのエンターテイナーの道を選びました。当時ヨーロッパでも有数のサーカスで、ナイフ投げの名手として活動していました。今も覚えていることがあります。

「オサム、この板の前に立て。俺がナイフを投げるから、根性があるなら動くなよ。お前のからだをナイフで締めてやる」そう言って、彼はナイフを次々に投げました。彼の手から放たれたナイフは、私のからだのそれこそ1ミリ外側を埋めつくしました。この状況でも私がにやにや笑っていると、彼は言いました。「お前は勇気と信頼のこころを持っている最高の奴《やつ》だよ」

サーカスの公演が終わると、毎晩のように2人でパリの街を飲み歩きました。

ある夜のことです。パリのセーヌ川にかかるポン・ヌフという有名な橋のたもとで、私がパリの街の美しさを称賛《しょうさん》すると、彼は怒《いか》りました。

「オサム、パリをはじめ美しいヨーロッパの街は他の国々の大きな犠牲《ぎせい》のもとに成り立っているんだ。16世紀から20世紀の初めまで三百数十年間、ヨーロッパの国々は俺の母国をはじめとした南米の国々や、アフリカやアジアの国々を、自分たちの植民地として支配した。俺の先祖たちを奴隷《どれい》のようにこき使い、金や銀、穀物を奪《うば》った。そして栄え、こんな街を作った。どれだけ多くの人が、この美しい街を作るために殺されたり、飢え死にしたかわかるか。俺はヨーロッパの美しい街に、先祖が流した血と涙を感じる。大嫌いだ。どこかの国が繁栄するということは、どこかの国が略奪《りゃくだつ》されていることなんだよ。誰かが豊かになることは、誰かが何かを奪われることなんだ」そう吐《は》き捨てるように言いました。私は彼にこころから謝《あやま》りました。

彼は今、故郷に戻り大きな牧場を経営しています。そして、議員として、貧しい人たちに寄り添う立派な活動もしています。そんな彼から連絡がありました。

「アルゼンチンに来ないかい。一緒に農業をやらないか。お前のかかわっている日本の若者たちをみんな連れて来ていいぞ。いいかい、オサム。俺の牧場はパリの街よりはるかに美しいぞ。なぜなら、働いている若者たちの笑顔と明日を夢見る瞳が輝いているからさ」

人との出会いを作りましょう。数多くの出会いが、君の人生を変えます。

# 性格は変えられる

みなさんは自分の性格をどう思っていますか。気に入っていますか。それとも、変えたいと思っていますか。私のもとには、たくさんの子どもたちから、自分の性格を変えたいという相談が届きます。

私たちには、一人ひとり異なった性格があります。性格とは簡単に言えば、その人のものの考え方や行動の特徴を表しています。

みなさんは自分の性格を知っていますか。たとえば、赤いものを見て薔薇《ばら》の花を連想し、愛情を感じて人に優しくできる。これは、優しい性格と言っていいでしょう。でも一方で、赤いものを見て血を思い出し、人を傷つけたくなる人がいるかもしれません。これは、とても問題のある性格と言えるでしょう。

性格は3つの要因から形成されると言われています。1つめは親からの遺伝です。自分の考え方や行動が親と似ているな、と、感じたことはありませんか。

2つめは育つ時の環境です。環境は絶対的なものではありませんが、その人の性格の形成に大きな影響を与えます。当然ですが、恵まれた環境でたくさんの愛と優しさの中で育てられた人は、優しい性格になるでしょう。でも、たとえば小学校時代にいじめにあい、それから人を信じることができなくなり、不登校や引きこもりになってしまう人もいます。これも環境が影響していると言えます。

3つめは経験と学習です。その人が成長の過程で出会う人や出来事、経験によって性格は変わっていきます。

私は中学校時代に、先生方からのひどいいじめにあいました。原因は、私が制服廃止や教科の教員を生徒が選べるようにするなどと提案して、学校を自由化する活動をしたせいです。中学3年の時は不登校でした。毎日学校に行くふりをして図書館に通い、勉強しました。当時の私は人間不信に陥《おちい》り、誰ともしゃべらず、こころを閉ざしていました。

そんな私を変えてくれたのは、高校と大学の仲間たち、先輩たち、先生方でした。かたくなな私を、友人として、そして生徒として受け入れ、いつもあたたかく見守ってくれました。そのおかげで、徐々に私のこころの中の氷は溶けました。

この時代にたくさんの知識を得て、考え方やものの見方も学びました。同時に、今の私の活動の基本は、この時に作られたと思います。社会的に恵まれない人たちへの優しさ、権力を振りかざす人への怒りなど、人のために生きることの大切さも学びました。

今、自分の性格に問題があると感じている人たちに伝えます。性格は変えることができます。

ある時、私のもとに、暗くて引っ込み思案な自分の性格を変えたいという相談がきました。女子大生の彼女はいつも黒系のダークな洋服を身につけ、人の顔を見るのが怖《こわ》いと言います。また、人からどう思われるかが怖くて、いつもマスクをして下を向いて生活してきました。私は、そんな彼女に明るい色の服を着るように勧めました。さらに、顔が見えるように髪を少し短くカットすることもアドバイスしました。この準備が整ったら、街一番の繁華街でウィンドウショッピングをしてごらんなさいと言いました。

これを実行した彼女は今、何人もの友だちができ、かつての姿が嘘《うそ》と思えるくらい活発に生きています。

自分の性格をきちんと分析《ぶんせき》してみませんか。1つめの親からの遺伝した性格、2つめの生まれ育った環境から培《つちか》われた性格、自分の性格の中で問題と感じている部分や自分自身で変えたいと思う部分を書き出してみましょう。それを、親でも友人でもいいので、君をよく知っていて信じられる人に見せて、相談してみてください。きっと的確なアドバイスがもらえるはずです。

そして、3つめのこれから経験することや学習することによって、性格は変えることができます。

でも、今の性格を魔法のように一瞬で変えることは、不可能です。なぜなら、これまで生きてきた年月の中でこころや頭に染みついているものだからです。焦《あせ》らず多くの時間をかけて変えていく必要があります。

そのためには、自分の殻《から》から自分の足で一歩踏み出して、いろいろな人と出会うことです。そして、ものの考え方、生き方を学ぶことです。新しい君を作るには日々少しずつ、でも確実に、自分の考え方や行動のパターンを変えていくことが大切です。

# こころの窓を開けば、優しさは見つかる

私たち人間は、空気なしには生きることができません。そんな大切な空気ですが、みなさんは空気を見たことがありますか。味わったことがありますか。感じたことがありますか。たぶん、みなさんは「そんなことできないよ」と言って、笑うと思います。

でも、私は空気を見たことがあります。味わったことも、感じたこともあります。水蒸気や煙《けむり》が含まれれば、空気は見ることができます。近くの煙突《えんとつ》の上を見てごらんなさい。排気ガスや花の香りがつけば、空気を味わうことができます。また、吹きすさぶ風の中に立ってごらんなさい。外に出て、右から左に手をすばやく動かしてごらんなさい。空気を感じることができます。

空気は、いつも私たちのまわりにたっぷりとあります。でも、その存在を感じるためには、私たち自身が意識して動かなくてはなりません。

私は優しさも空気と同じだと考えています。じつは、私たちのまわりにいつもたっぷりとあります。でも、自分が意識して動かなければ、その存在を感じることができません。

ある日、東京駅で遭遇《そうぐう》した出来事です。

電動の車いすに乗った女性が、ホームでエレベーターのスイッチを押すことができずに困っていました。お手伝いしようと近づいて行くと、私の前を歩いていた若者が「大丈夫ですか?」と優しい声をかけ、さっとスイッチを押してくれました。

地下街の通路を歩いていると、1人のおばあさんが帰りを急ぐ人とぶつかり倒れてしまいました。まわりにいた何人もの人が「おばあちゃん、大丈夫?」と声をかけながら、おばあさんを優しく立ち上がらせてくれました。ぶつかった人も「すみません」と謝りながら、おばあさんのバッグを拾ってくれました。

たったこれだけのことで、みんなのこころがぽかぽかになりました。困っている人に手を差しのべるという優しさは、こんなふうにたくさんあります。それを見たければ、自分のこころの窓を開いてごらんなさい。必ず見ることができます。

# 自然の美しさに目と耳を傾けよう

みなさんは歌が好きですか。じつは、歌には4種類あることに気づいていますか。

まずは一人称で「私は、僕は……」と自分の思いを語っている歌。私はこんな歌を聞くとこう思います、「勝手にそう語ればいい。でも、人に押しつけないでくれ」と。

次に二人称で「君は、あなたは……」と、誰かに対して何かを伝えようとする歌。私はこんな歌を聞くとこう思います、「歌う前に叫《さけ》べばいいのに、かっこつけるなよ。弱い奴だな」と。

三人称の歌もあります。特に「みんな」を歌うものには嫌悪《けんお》感すら抱きます、

「君の勝手な思いだけで、人に何かを求めるなよ。傲慢《ごうまん》さで人を動かさないでくれ」と。

最後に、美しい自然をたたえる歌があります。その景色《けしき》や情景が目の前に広がり、こころが癒《いや》されます。そんな歌を聞くといつもほっとします。

厳しいことを書いてしまいましたが、それには、理由があります。

私のもとには、数多くのメールや詩集などが届きます。そのほとんどが自分の思いや誰かへの思いを書き綴《つづ》ったものです。過去にとらわれ、今に苦しみ、それを誰かに向かって吐き出したものです。暗い部屋でこころを閉ざし、その苦しみを誰かに押しつける。相手が苦しむことも考えず、ただ自分のその時の感情のままに書いたメール。みなさんはそんなメールを送りつけたことはありませんか。

それらを読んで、私はいつも哀しくなります。外に出てまわりを見渡せば、数多くの花々が私たちのこころをあたためようと咲いてくれているのに、見ていな

い。たくさんの鳥たちが私たちを励まそうと美しい歌を奏《かな》でてくれているのに、聞いていない。

お願いがあります。しばらくの間、家でも学校でも移動中でも、歌を聞くことをやめてくれませんか。メールやネットに自分の思いや人への気持ちを書くこともやめてくれませんか。その代わりに、その日出会った美しい花や鳥の声のことを、できるだけ丁寧《ていねい》に書いて、それを多くの人に知らせてみてください。

私たち人間も自然の中で生きている生き物です。自然には、明日への生きる力がたくさん宿っています。きっと、それはみなさんのこころを癒し、まわりの人も幸せにしてくれます。

# ゲームや携帯、スマホの依存から脱出する方法

みなさんは「依存症」という病気を知っていますか。たとえば、「たばこ依存症」「アルコール依存症」「ギャンブル依存症」「ゲーム依存症」「携帯依存症」「スマホ依存症」「ネット依存症」「買い物依存症」など、たくさんの種類があります。

じつは「依存症」には、「身体的依存症」と「精神的依存症」があります。「身体的依存症」は依存する何かが切れると、不快になったり、手が震えるといった身体的症状が出ます。「精神的依存症」は依存するものがそばにないと、いらいらする、落ち着かないといった精神的症状が出ます。

「依存症」になってしまうと、その依存するものが手に入らなかったり取り上げ

られたりすると、物事を正常に考えられなくなります。気持ちが不安定になり、泣き叫んだり、暴《あば》れて錯乱《さくらん》状態になってしまう場合もあります。きちんとものを考えたり、人間関係を作るうえで大きな害となり、君たちの明日を奪う恐《おそ》ろしい病《やまい》です。

みなさんは「依存症」になっていませんか。若い世代では、特に「ゲーム依存症」や「携帯依存症」「スマホ依存症」になっている人が多いようです。

「依存症」になるには、あるメカニズムがあります。たとえば、週末になると意識がなくなるほどアルコールを飲むけれど、それ以外の日は一滴もアルコールを口にしない人と、毎日夕食の時に決まって一定量のアルコールを飲む人では、どちらが「アルコール依存症」になりやすいと思いますか。じつは後者です。それはからだの中に継続してアルコールが入っているからです。

その証拠に、たとえば、パチンコや競馬《けいば》、競輪、競艇《きょうてい》などのギャンブルで、一番「ギャンブル依存症」になりやすいのは、パチンコだと言われています。競馬や競輪、競艇は開催しない日がありますから、毎日はできません。しかし、パチンコはお店に行けば毎日できますから、依存しやすいのです。このことを理解すれば、「依存症」にはなりません。

そこで、試してみてください。ゲームやネット、携帯電話やスマホなど日々使っているものを、2日間でいいですから親に預けて、使わないでください。2日間でいいですから、大切な友人や恋人との連絡を一切取らないでください。これができた人は大丈夫、依存症ではありません。でも、もしも、落ち着かなくなったりいらいらしたりして、使ってしまったり連絡を取ってしまった人は、立派な「依存症」ですから治療が必要です。

確かにネット、携帯電話やスマホは、情報を調べることに関してはとても役に立つ道具です。また、ゲーム機は日々の娯楽のためには楽しい道具でしょう。でも私は、これらの電子機器はみなさんの明日を汚したりつぶしたりする可能性のある、とても危険な道具だと考えています。

自分の欲望に負けた楽しい今は、必ずつらい人生をもたらします。じつは、そのことにみなさんも気づいているはずです。電子機器の奴隷にならないでください。

「依存症」を治すのは簡単です。週のうち2日はゲームやネット、携帯電話やスマホを使わないこと。つまり、誰とも連絡を取らない日を作り、それを守ればいいのです。

# からだを疲れさせれば、こころの病は治る

今、日本で多くの若者が悩まされているリストカットやうつ病など、後天的なこころの病の一番の原因は、ストレスだと言われています。では、ストレスとはどのような状態のことを言うのかわかりますか。簡単です。こころと頭が疲れているのにからだが疲れていない、この心身の分離した状態のことです。

私たちが生きているこの時代を考えてみてください。昔と比べて、からだはほとんど使う必要がありません。直接会わなくても電話で話ができますし、車や電車でどこにでも苦労なく行けます。スポーツやコンサートもテレビで見たり聞いたりすることができます。

その一方で、街を歩いても車に気を配《くば》ったり、人の目をつねに気にしたり、飛び込んでくるさまざまな情報に耳を澄ましていなければなりません。だから、頭とこころは、いつもぴりぴりと緊張し続けています。これが、こころの病の原因となっています。

しかも食事をきちんと摂《と》らず、夜はゲームやインターネットの世界にはまり、メールや携帯で夜更《よふ》かしをしますから、朝は起きられません。

こんな昼夜逆転の不規則な生活を続ければ、からだの免疫《めんえき》力が低下し、病気になりやすくなります。こころだって病《や》みやすくなります。それがエスカレートすると引きこもりになり、社会との関係も断絶し、さらに孤立して、こころが壊《こわ》れていきます。自分の生活が自分のこころを壊しているのに、それを変えようとはせず、精神科の医師やカウンセラー、そして私に助けを求めてきます。

だからこそ、こころの病の一番の予防法は、からだをいつもきちんと健康に保つことだとわかります。体調が悪ければ、こころも暗くなってしまいます。熱があったり、痛みがある時は楽しいことなんて考えられないでしょう。それと同じです。

私は家にいてもホテルにいても、哀しいことがあった時や、どうしていいかわからないほど苦しいと感じた時は、すぐに外に出ます。そして、ただひたすら何時間も歩き続けます。これは、頭で考え過ぎて、からだやこころが病んでしまうのを避けるために、歩くことを通して自分のからだを疲れさせているのです。

からだを疲れさせるといいですよ。まず、夜ぐっすりと眠ることができます。食事の味も格別においしく感じられますし、たった一杯の水でも、それまでの水とはまったく別物のようにおいしく感じます。

だから、できるだけ歩くようにしています。講演会に行く時は、少し早めの電車やバスに乗り、目的地の1つ手前の駅やバス停で降りて、そこから歩いています。しかも、ただだらだらと歩くのではなく、美しい花や色づいた葉を探したり、庭の手入れをしているおばあさんやおじいさんに出会えば「精が出ますね」と声をかけながら。そして、何種類の鳥の声を聞くことができるかと、耳を澄ましながら。

今日からやってみませんか。駅ではエレベーターやエスカレーターを使わず階段を上る。家まではできる限り長い距離を歩く。家では腹筋や腕立て伏せなどの運動をする。ともかく、毎日からだをきちんと疲れさせませんか。こころの病は、からだから治すのです。必ず結果は出ます。

# こころをあたためる3つのことば

先日、定時制高校時代の教え子たちと居酒屋で同窓会をしました。この居酒屋は教え子のお店です。

おじさん、おばさんになった教え子たちを見て「君たちも年を取ったな」と言うと、彼らから「先生こそ、その真っ白い頭。先生が一番老《ふ》けたよ」と切り返されたりして、楽しいひと時を過ごしました。

あったかい鍋《なべ》をみんなでつつきながら、こころもからだもぽかぽかになった頃、1人が立ち上がりました。みんなに手作りの冊子を配ったのです。その表紙には「水谷語録」と書かれていました。彼はみんなに言いました。

「僕は高校時代、水谷先生が使ったことばの中で、きっと将来自分のためになると思ったことばをノートの片隅に書いておきました。これはそれをまとめたものです。じつは、卒業の時にみんなに配りたいと思っていました。でも、あの時は恥ずかしくて配れませんでした。

高校を卒業してこの16年間、僕はこれらの先生のことばにたくさん助けてもらいました。つらい時や苦しい時は、いつもこれを開いて読みました。そして力をもらった。きっとここにいるみんなも、これからの人生でたくさんのつらいことがあると思います。そんな時、僕がそうだったように、先生のことばから明日への力がもらえればと思って持って来ました」

それからが大変でした。みんなで「水谷語録」を読みながら、「あっ、これ、先生が私に言ったことばだ」「いや、俺にだよ」、もう大騒ぎです。私は恥ずかしくて、下を向いていました。

そんな中で、1人の教え子が最後のページを見て叫びました。「おい、これ何なんだ。いいんだよ8、ありがとう11、ごめんね7」彼が答えました。

「これはね、卒業式の後のホームルームで、先生が話してくれた中でこのことばを使った数だよ。水谷先生が僕たちとの4年間で、僕たちに最も数多く言ったことばは、この3つ。先生の口癖《くちぐせ》だった。このことばでどれだけこころがあたたかく、そして優しくなったことか。

みんな気づいているだろう、先生は僕たちを一度も叱《しか》ったことがないのを。僕たちが悪いことをすると、哀しい顔でただそばにいてくれた。僕たちが『ごめんなさい』って謝るまでさ」このことばに、みんながうなずいていました。

私は、「いいんだよ」「ありがとう」「ごめんね」という3つのことばが大好きです。誰も傷つけませんし、人のこころをあたたかくしてくれるからです。

# ことばと文字の違い、気づいていますか

私はすでに45冊の本を書き、数え切れないほどの文字を紙に刻み込んできました。また、３８００回以上の講演会や数え切れないほど多くの授業で、たくさんのことばを発してきました。

そんな私が、子どもたちを見ていて気になることがあります。それは、誰かと向かい合ってお互いを見つめながら話すことばと、相手の顔が見えない手紙やメールなどの文字の違いを、きちんと理解していないのではないかということです。

さらに、ことばや文字の恐ろしさを、きちんとわかっていないのではないかということです。

そもそも、ことばは独《ひと》り言《ごと》の場合を除いて、誰かと向かい合って、その人に対して同じ空間と時間の中で発するものです。話し相手が目の前にいるわけですから、よほど感情的にでもなっていない限り、当然その人の表情やからだの動きを気にしながら、気をつかいながら発言します。相手も同じはずです。こうして互いに思っていることや感じていることを伝え合っています。

相手と確認し合いながら話すわけですから、その一つひとつのことばに責任が生じます。目の前で苦しんでいる人に対して「苦しめ」「ざまあみろ」と言える人は、まずいないでしょう。ほとんどの人が、「どうしたの?」「大丈夫?」などと言って優しく声をかけるでしょう。ことばには優しさの入る余地があります。

一方、文字はまったく違います。目の前にいない相手に対して一方的に発するものですから、顔色や表情の変化を見ることができません。だからこそ、少し前までは、私たちは文字を大切にしていました。手紙にしてもメールにしても、よく知っている人に対してしか出しませんでした。しかも文字はずっと後まで残るものですから、相手を傷つけたり、嫌《いや》な思いをさせないように気をつかって、何度も読み直しながら書きました。

今、多くの子どもたちがメル友を持ち、会ったこともない相手に自分のことや自分の想いをたやすく書き捨てています。インターネットの掲示板やブログでも、自分の一瞬の感情を無責任に書き込み、それに対してさらに無責任に発信される書き込みに一喜一憂《いっきいちゆう》しています。

また、匿名《とくめい》であることを利用して「死ね」「殺す」、あるいは「死にます」「さようなら」と書き込みます。人を傷つけたり、場合によっては人の命を奪う文字を安易に書き捨てる人もいます。哀しいことです。

ことばと文字を大切に扱ってください。特に文字、つまりメールやネットの書き込みで自分のこころや想いを伝えるのは、子どもたちには難し過ぎるのです。

# なぜ、規則を守らなくてはいけないのか

私は、22年間の教員生活のほとんどを生徒指導の係として過ごしました。その仕事は、学校の校則や決まりをきちんと守るように伝え、守らなかった生徒を指導することです。クラスの担任がいつも生徒たちのそばにいてあたたかく見守る母親役の教員だとすれば、生徒指導の教員は、厳しく生徒たちを指導する父親役の教員です。

子どもたちを叱ったり脅《おど》したりして、規則に従わせることは簡単です。たとえば体育館で始業式をおこなう時、生徒たちがいつまでもがやがやと話をしていれば、まず間違いなく、生徒指導の教員から叱られるでしょう。「静かにしろ」「体

育館から出すぞ」、なかには「成績を下げるぞ」などと言う教員がいるかもしれません。すると、子どもたちは静かになります。

でも、それは本当の教育と言えるのでしょうか。違います。どんなに時間がかかろうとも、子どもたちになぜそんな規則があるのかを教え、一つひとつの規則を守ることの意味をきちんと伝えて、子どもたち自身がそれを理解し、みずから進んで規則を守るようにすることが、本当の教育だと私は考えてきました。だから私は、一度も生徒を叱ったことがありません。厳しいことばを使ったこともありません。

では、なぜ、君たちは静かにするのですか。教員に叱られるからですか。体育館から出されるからですか。成績を下げられるからですか。そうではないはずです。たとえば、何人かが体育館で騒いで式の始まりが5分遅れたとします。これは、体育館にいる全生徒の貴重な時間を5分奪ったことになります。他人に迷惑をかけているということに気づいてください。人に迷惑をかけないよう静かにしなくてはならないのです。

私たち人間は、たくさんの規則に縛《しば》られて日々の生活をしています。特に子どもたちに対しては、大人よりも数多くの規則があります。窮屈《きゅうくつ》な思いをしている人もいるでしょう。「そんなもの守るか」と、勝手に生きている人もいるでしょう。でも、それらの規則はなぜ作られたのか考えてみてください。規則は一人ひとりを大切に守り、そして安全に成長させるためのものです。これは学校の中でだけではありません。家庭でも社会でも同じです。もしも、道路で1台の車が信号や制限速度、一時停止などのすべての規則を破って、暴走したらどうなりますか。大事故が起き、死者が出るかもしれません。暴走運転をした本人も命を失うかもしれません。

規則を守ることは、他人に迷惑をかけないことです。自分と他人の明日を守ることにつながります。

# 死にきちんと向き合う

この世に生まれた以上、誰でも必ず死にます。死は私たちにとって、逃《のが》れることのできない宿命です。

しかし今、死について、きちんと理解できていない子どもたちが増えています。ロールプレイングゲームのように、死んでしまっても、リセットすれば生き返ると考えている子どもたちがいます。そして哀しいことに、いとも簡単に人の命を奪う子どもたちもいます。また、生きとし生けるものの哀しい宿命である死を、別な世界への入り口、逃げ場と考えて、みずから死を求める子どもたちもいます。みなさんはどうですか。

この背景には、子どもたちが親からきちんと死を教わっていないことがあると思います。

私は幼い頃、家庭の事情で山形の寒村に預けられ、祖父母に育ててもらいました。5歳の時、祖母の母が亡くなり、葬儀の手伝いをさせられたことを今も覚えています。祖母と2人で遺体を清め、経帷子《きょうかたびら》を着せ、手甲《てっこう》に脚絆《きゃはん》、わらじ、三途《さんず》の川の渡し銭など、あの世への旅立ちの準備をしました。火葬場ではお骨拾《こつひろ》いも経験しました。

でも、私はその日から死が恐ろしくなりました。毎晩のように祖母の横に潜《もぐ》り込んで寝ました。当時は祖母を恨《うら》みました、何でこんなことを自分にさせたのかと。

しかし、今は感謝しています。私はあの経験で死の恐ろしさを知りました。人が消えていくことの哀しさも知りました。そして、生きていることの素晴らしさ、命の大切さを学んだのです。

かわいがっていたペットの死でもいい、親戚《しんせき》の人の死でもいい。みなさんはその姿にきちんと向き合って、死の恐ろしさや哀しさ、理不尽《りふじん》さまでも学ばなければなりません。

命の大切さを理解することは、自分の命だけではなく、他者や生きとし生けるものすべての命の尊《とうと》さを、こころに刻み込むことになります。

## 「考える」のではなく、「感じる」ことを大切に

「感じる」ことと、「考える」ことの違いがわかりますか。そして、みなさんはこのどちらが大切だと思いますか？ より確実だと思いますか？ おそらくほとんどの人が、「考えること」と答えるでしょう。でも、私は違うと思っています。その違いをできるだけわかりやすく説明しましょう。

「感じる」ことは、今、ここで直接経験したことに対して、私たちのこころが動き、即座にあるイメージをこころに思い浮かべることです。それに対して、「考える」ことは、その「感じる」ことを自分の過去の経験や知識と照らし合わせ、頭の中でイメージを作ることです。つまり、「感じる」ことは直接の体験ですが、

「考える」ことは自分が勝手におこなう想像なのです。

たとえば、こんな経験はありませんか。冬のある日、ドアノブを触ったら静電気で手がびりっとした。次にドアノブに触ろうとしたらその嫌な感触が思い出され、また静電気でびりっとするのではないかと考えてしまい、手がすっと引っ込んでしまった。まさに、これです。静電気は起こらないかもしれないのに、過去の経験に頭がとらわれています。「考える」ことは、君自身の過去の経験や知識によって汚されてしまうことがあります。そして、本当のものを見失ってしまいがちです。

これはいじめも同じです。私のもとには、過去にいじめにあい人が怖くなり、引きこもっている人たちからの相談がたくさん届きます。誰かにひどいことばを言われたり無視されたりして、つらいと思ったり学校に行きたくなくなるのは、「感じる」ことです。君たちのこころが「このままではこころが壊れてしまいますよ」と知らせてくれています。
でも、過去にいじめられた経験があるために人が怖くなり、働くこともできず家に引きこもる。これは、「考える」ことです。世の中には、いじめをするようなひどい人より、優しいこころを持った素晴らしい人のほうがはるかに多いのに、過去の経験からこころを閉ざしてしまう。そして、世の中のすべての人が自分をいじめると、勝手に考えてしまいます。

だからこそ、「考える」ことを少し横に置いて、「感じる」ことを中心にして生きてみませんか。そのためには、できる限り自然や人と直接触れ合うことです。そして、素直にこころで感じることです。過去に汚されず、日々を新たに感じて生きる。これが、新しい明日を拓《ひら》きます。

# 疑うのではなく、信じる生き方をしよう

みなさんは、人の生き方には2通りあることを知っていますか。一つは信じる生き方、もう一つは疑う生き方です。

私のもとには、たくさんの疑う生き方をしている子どもたちから相談のメールが届きます。

「中学の時、仲良くしていた友だちにいじめられてから、人を信じることができなくなりました。高校では、いつも一人ぽつんと寂しく過ごしていました。高校を卒業してから、今のスーパーに就職したけれど、みんなが私のことを嫌っているような気がして怖くてなりません。仕事を辞《や》めたいんです」こんな相談には、私はいつもこう答えます。

「君は、なぜ一度の裏切りで人を信じることをやめてしまうのですか。世の中にはどれだけ多くの人がいると思いますか。そのすべての人が君を裏切り、そして君を傷つける人ですか。私はそうは思いません。まずは人のために何かしてごらん。多くの人と触れ合ってごらん。必ず、君を認めてくれて、君の明日を拓く手伝いをしてくれる人と出会えます。まず今日、君は私を信じてこころを開いてくれました。明日からはまわりのもっと多くの人に、こころを開いてごらんなさい」

また、不登校や引きこもってしまった若者たちからの相談メールもあります。彼らがそうなってしまったことにはそれぞれの理由がありますが、多くのケースではいじめや友人とのけんかなど、人間関係のこじれから人を信じることができなくなっています。そして、暗い部屋で一人苦しんでいます。私は、彼らにいつもこう答えます。

「もう一度だけでいい、人を信じてみよう。外に出てみよう。学校に行ってみよう。こころを開いて、まわりを見渡してごらん。たくさんの優しさが見えてきますよ」

君たちは弱い。当たり前です、人生経験が少ないのですから。でも、一度の嫌な経験やいじめで、人を信じることをやめて、そしてこころを閉ざして生きることは、哀しいことです。そこに救いはありません。

私は君たちよりずっと長く生きてきましたし、たくさんの人たちと触れ合ってきました。裏切られた経験は数え切れないほどありますし、嫌な思いもたくさんしました。でも、決して人を信じることをやめませんでした。だからこそ、たくさんの友人や生徒とこころを通わせることができました。

考えてごらんなさい。もしも私が、君たちをいつも信じることなく疑う教員だったとしたら、どれだけ多くの子どもたちのこころを傷つけたことでしょう。今、私が幸せだと思えるのは、人を信じ続けてきたからです。

「生きる」ということは、こころを磨《みが》いていく作業です。人は汚れのない真っ白なこころで生まれてきたと、私は信じています。なぜなら、人のものを盗ろうとか、人を傷つけようとか、いじめようなどと考えながら生まれてくる赤ちゃんはいません。でも、そんな真っ白なこころで生まれてきた人が、人を傷つけたり罪を犯《おか》してしまうのは、育った環境や出会った人によって、こころを汚されてしまったからだと考えています。そんな人のこころをもう一度真っ白にする、それも私の大事な仕事の一つだと思っています。

## 「声なき声」に耳を傾けよう

私が長い教員生活の中で一番気にかけていたのは、「声なき声」を聞くことです。声なき声、そう言われてもわからないと思います。

たとえば、ホームルームで何かを決める時、元気のいい生徒たちは、さまざまな意見を出してくれます。でも中には、自信がなくて自分の意見を人前で言えない生徒もいます。

こんなことがありました。修学旅行先をクラスで決める時、声が大きくて元気な生徒たちが、沖縄に行きたいと積極的に提案しました。そして、他の生徒には「みんな沖縄でいいよな」と威圧的な態度を取ったのです。私は白い紙を生徒たちに配り、無記名で沖縄旅行に〇か×を書いてもらい多数決を取りました。結果は、沖縄に行くことに〇をつけたのは、元気のいい彼ら数人だけでした。

自分の意見を言わないことは、自分の意見がなくて何も考えていないということではありません。意見を表明しない生徒たちにも、自分の意見はあります。ただ、それをことばに出して言えないだけなのです。私はこれを「声なき声」と呼んでいます。

今、日本で、この「声なき声」がとても粗末にされていると私は考えています。たとえば、選挙です。日本の大きな選挙では投票率がどんどん下がってきています。場合によっては半数以下の投票率で、この国の明日を創《つく》る議員たちが選ばれています。

権力のある多くの人たちは、「投票しない人はこの国のことを考えていない。そんな人のことは考えなくていい」と言います。でも、本当にそうなのでしょうか。投票に行かない人は政治や選挙には興味や関心がなく、今の自分の生活が守れたらいいと考えているいい加減な人たちなのでしょうか。私は違うと思います。この国と、投票に参加しない人たちにも、それぞれ考えと思いがあるはずです。もっと多くの人が投票に行くはずです。

自分の明日を委《ゆだ》ねるのにふさわしい政党や政治家がいれば、もっと多くの人が投票に行くはずです。

みなさんのまわりにも自分の意見をなかなか表現できない、ことばに出せない人たちがたくさんいるはずです。その人たちのこころの声を感じる人になってください。

# 自分の中の天使のこころを育てよう

私たちには、2つのこころが住みついているのを知っていますか。それは、天使のこころと悪魔のこころです。

たとえば、誰もいない道で財布《さいふ》を拾ったとします。「これを落とした人は困っているかもしれない。すぐに交番に届けよう」、こう思うのは天使のこころです。「誰も見ていない。落とした人が悪いんだ、もらってしまおう」、こう考えるのは悪魔のこころです。

身近なところでは、こんな経験をしたことがあるでしょう。友だちが高校や大学の入学試験に一足先に合格したと聞いて、自分はまだ決まっていないけれど、素直に「おめでとう」と友だちとともに喜ぶ。これは天使のこころです。それに対して、なぜ、友だちだけが合格したのかと恨む。これは悪魔のこころです。まわりの誰かが失敗した時、ともに哀しみ、そして助けようと手を差しのべる。これも天使のこころです。「ざまあみろ」とその人の失敗を喜ぶ。これは相当ひどい悪魔のこころです。

よほどの人格者でない限り、人間の中にはこの2つのこころは存在します。残念ですが、私の中にも2つのこころはあります。人はつねに、どちらのこころに寄り添って生きていくのかを決めなくてはなりません。天使のこころが勝てば、君たちは善人になるでしょう。でも、悪魔のこころが勝てば、君たちは悪人になります。

さあ、どちらの生き方を選びますか。みなさん自身が、みずから決断しなくてはなりません。素晴らしい人生を作るには、自分の中の悪魔のこころと日々戦う必要があります。そして、自分だけでなく、相手の中の天使のこころを信じることも大切です。

人にはいつも優しく接し、人のために何かをしていく。そんな生き方をしてくれませんか。私はそう生きています。

# 人生の目標を作り、日々努力する

先日、京都の喫茶店で十数名の教え子たち、男女の大学生たちと2時間近くわいわいと話をしました。

そんな中で、将来どんな人生を送りたいのか、学生たちに聞いてみました。即座に、数人の学生が「有名になりたい」と答えました。「なぜ?」と聞くと、1人がこう答えました。

「だって先生のようにテレビに出て有名になれば、お金がたくさん入るだろうし、何より、人から尊敬されるでしょ。それに、自分という存在をみんなに知ってもらえるじゃないですか。僕は先生のように本を書くのは苦手《にがて》だから、お笑い芸人かタレントになりたいです」この答えに、何人かがうなずいていました。

そこで私は、これまでの自分の人生を語りました。

そもそも私が今の立場になったのは、私自身が望んだわけではありません。世間に名前や顔が公表されれば、教員として最も大切な子どもたちと触れ合う時間を失い、職自体も失うかもしれない。だから、できれば避けようとしていました。それでも、本を出版したりテレビに出演したのは、日本中であまりにも多くの子どもたちが、明日を見失い、悩み苦しんでいることに気づいたからです。一人でも多くのそれらの子どもたちと直接かかわるためには、マスコミの力で私の存在を日本中に知らせるしか方法がなかった。苦渋《くじゅう》の決断でした。子どもたちが苦しんでいるこの時代が、私を有名にしたのです。

じつは、私が有名になるということは、私たちの社会にそれだけ多くの問題があるという証拠で、哀しいことなのだと話しました。この人生に後悔はしていないけれど、失ったものが多いこともつけ加えました。彼らは不思議そうな顔をしていました。

有名になりたいと思っている人たちへ。有名になることは、幸せになれるということなのでしょうか。決してそうは思いません。私が弟のように思っていたある教員は、テレビ出演によって脚光を浴び、権力や地位を手に入れました。しかし、その権力や地位を守ろうとして、教員としては最もしてはいけないこと、つまり、子どもたちを利用して傷つけました。今、テレビに映《うつ》る彼の姿を見ると、哀れみさえ感じます。

また、マスコミで一時的にもてはやされて人気者となり、ピークを過ぎた後はマスコミから見限られ、世間から忘れられてしまった人は大勢います。しかも、有名だった時代を忘れることができず、今もその時代に味わった栄光の影に苦しんでいる人たちをたくさん知っています。

有名になることを人生の目標にしてはいけません。まず結果を考えるのではなく、自分が選んだ道を日々努力して生きることが大事なのです。時代がそのひたむきな姿を認めてくれれば、きっと自然と有名になれるでしょう。まっすぐに努力する姿こそが美しく、人のこころを打つからです。そのためには、一生それに向かって進むという自分の目標を作りましょう。

# ＴＰＯに合った服装をしよう

この10年以上、私がとても気になっていることがあります。それは、子どもたちの服装や化粧がどんどん派手《はで》になっていることです。ＴＰＯをまったく考えていないのでしょう。ＴＰＯとは、Time（時）、Place（場所）、Occasion（場合）の略語で、時と場所、目的に合わせた態度や服装の使い分けのことです。

ちょっと考えてみましょう。たとえば、友だちの親のお葬式に、ピンクや赤などの派手な服装で出向き、大騒ぎをする。こんなことができますか。できないでしょう。ただでさえ哀しみの中にいる友だちのこころをさらに傷つけてしまいます。また、体育の授業にミニスカートで参加する人もいないでしょう。これでは運動ができません。さらに、大工さんがスーツを着ていたらからだの自由がききませんから、いい仕事はできないでしょう。もしも、学校の先生が海水パンツ姿で教壇《きょうだん》の前で踊っていたら、どうですか。授業をする状態ではないので、教室から退場です。これがＴＰＯを考えるということです。

大人も子どもも、服装やことばづかいはもちろんのこと、行動などすべてで、このＴＰＯを考えながら生きていくことが大切だと、私は考えています。

でも、今それが何かおかしくなっています。朝の駅では、本当の自分の顔がわからないほど厚化粧で、制服のスカートをこれでもかというくらい短くした少女たちがたくさんいます。彼女たちは学校に何のために行くのでしょうか。ファッションショーのためでしょうか。そうではないはずです。

これは、たぶんテレビの影響が大きいと思います。テレビの中では若いタレントたちが、派手な格好で出演しています。それを真似《まね》しているのでしょう。でも、なぜタレントたちがそんな格好をしているのかわかりますか。外見だけで人より目立たなくてはならないからです。そうしなければ、テレビの世界で生き残ることはできません。

ある若い女性タレントから相談を受けたことがあります。私は彼女のことばを忘れることができません。こう言いました。「本当は派手な化粧や服装でテレビに出たくありません。親からもらったこの素顔や姿で、きちんと生きたい。あんな格好をさせられていると、どんどん自分が壊れていきます。そして、本当の自分がわからなくなってしまいます」

その後、彼女は生きる道を変えました。今は報道の世界で、本来の顔と自分らしさが出せるスーツ姿で、笑顔で生きています。

もう一度、自分にとってのＴＰＯをよく考えよう。そして、そのＴＰＯに合った服装で生活しよう。それが本当の自分らしさを発見することにつながります。

# 読書のすすめ、脳に栄養を与えよう

ある日の大学の授業で、学生たちにこの1年に何冊ぐらいの本を読んだかを聞いたところ、その答えに愕然《がくぜん》としました。1年は365日もあるのに、ほとんどの学生が0だと言います。何人かが10冊以内で、それ以上はいませんでした。しかも、学生たちが読んだ本のほとんどは、今流行《はや》っている本でした。

そこで私は、近代と現代の有名作家の名前を挙げて、学生たちにその著書を読んだことがあるかをたずねました。日本では、夏目漱石、島崎藤村、芥川龍之介、川端康成、三島由紀夫、安部公房、五木寛之、大江健三郎。海外では、ゲーテ、シラー、ヘッセ、モーム、カミュ、サルトルなどです。ほぼ全員が、彼らの著作を読んだことがないと答えました。哀しいことです。

私たち人間は、経験から多くのことを学んでいます。でも、人生80年や90年の寿命では体験できることに限界があります。だからこそ、本を読むことによって先人たちの知恵を手に入れ、人とかかわることによって多くの知識を学びましょう。実際に、本の中では世界中どこへでも旅をすることができます。過ぎ去った時代にも出かけて行くことができますし、未来への旅も味わえます。物事に向き合うという経験を通して、脳の中に栄養を蓄《たくわ》えましょう。これによって、脳は活発に働きます。

知恵や知識、経験は、どんなに詰め込んでもあふれることがありません。どんなに使っても減ることもありません。それどころか、使えば使うほど脳の栄養は増えていきます。

この授業で学生たちに課題を出しました。私の授業の続く間は週に1冊本を読み、簡単でいいので読書レポートを提出してもらうことにしたのです。みなさんもこの課題に挑戦してみませんか。どんな本でもいいですが、できれば近代の作品を週に1冊読んでみてください。そして、短くていいので感想をまとめましょう。最初は数行読むだけで眠くなり、数ページも読めずに熟睡しているかもしれません。でも、これを半年ほど繰り返してみてください。たぶん読書に慣れて、熟睡は卒業しているはずです。

ぜひ、本を読み終えた時の充実感、何か頭の中が少し膨《ふく》らんだような満足感を味わってみてください。

# 電子書籍ではなく、本を手にしよう

私は列車や飛行機の中では、できるだけ本を読むようにしています。また、秋の夜長を本とともに過ごすのもいいものです。

そんな本を作り出す出版界で変革が起きています。それは電子書籍の問題です。数多くの本がデータ化され、電子書籍としてネット書店などで販売されています。データを直接購入できますから、わざわざ本屋に足を運ばなくても、好きな本や必要な本を簡単に手に入れることができます。自分の携帯電話やコンピューターの中に保存していますから、いつでもどこでも必要な時に必要な本を呼び出して読むことができます。しかも、通常の本のように場所を取りませんから、大きな本棚を置く必要もありません。便利な世の中になったと喜んでいる人も多いかもしれません。でも、私はたくさんの問題があると考えています。

本というのは、総合芸術です。本は、作家がただ文章を書いたからそれででき上がるというものではありません。編集者がそれを読みやすいように、そして読者のこころに響きやすいように編集します。次に、デザイナーの手によって、文字の種類や大きさ、字間や行間、ページ割りなどを決め、写真やイラストを配置することで、さらに読者のこころに響くものに仕上げていきます。カバーや表紙、帯のデザインはもちろんのこと、使用する紙の種類や色、厚さなどを含めてすべてを丁寧に決めていきます。あたかも、作家の書いた文章というデータに色づけするかのように。そして、書店に並ぶ一冊の本が完成します。

どうぞ、書店で本を手に取り、それをゆっくりと眺《なが》めてください。そこには、作家、編集者、デザイナー、写真家、イラストレーター、印刷や製本の技師などの、かかわった人たちの想いがこもっています。これが、本当の本です。

残念ながら現在の段階では、電子書籍は、作家の文章というデータをそのまま載《の》せただけのものであり、これらの想いが感じられません。論文の場合は、それでもいいのかもしれません。しかし私は、物語や小説、ノンフィクション、エッセーや詩集の場合、あまりにも味けなく感じてしまい、残念でなりません。

ぜひ総合芸術としての本を読んでみましょう。ただ、文章の内容だけではなく、そこにかかわった人たちの汗と想いを感じながら。

# 本音で語り合える人こそ、一生の友になる

先日、講演で鳥取県米子《よなご》市に行きました。前日の夕方到着し、久しぶりに高校時代の親友と会いました。彼は米子市内で整体の治療院を開院しています。彼と奥さん、高校2年生の娘さん一家と山陰の冬の名物、ずわいがにを肴《さかな》に杯《さかずき》を交わしました。当然、話題は高校時代の思い出話になります。

私が「おい、覚えているかい。お前の家は金持ちで小中学校は国立の付属だったろう。和式の便所を使ったことがなくてさ、高校の入学式の後、俺にどうやって使うんだって相談してきたよな。いくら口で教えても、しゃがんで便器をまたぐことができなくてさ。結局、俺が後ろで支えてやったよな。臭かったぞ」と言うと、彼は「そうだったなぁ」としみじみ答えました。みんなで大笑いです。

こんなたわいない昔話で盛り上がっているのを見て、彼の娘さんがぽつりと言いました。「いいなぁ。水谷先生とお父さん。今も高校生みたいで。でも、どうしたら、そんな親友になれるの」

友人が聞きました。「何だ、お前には親友がいないのか」娘さんは寂しそうにうなずきました。私は彼女に答えました。

「それはね、君のお父さんと私がいつも真剣に向き合って来たからだよ。真剣にこの国のことを語り合い、真剣に一緒に勉強し、真剣に遊んだ。絶対に嘘をつくことなく、だからといって遠慮もせず。けんかだって真剣に殴《なぐ》り合った。最高の青春をともに生きた仲間だからね。高校を卒業してからは会う機会が少なくなり、こうやってお父さんが山陰に移り住んでからは、数年に一度しか会うことができなくなった。でもね、お互いのこころの中にはいつもお互いがいる。何かあったら、あいつに相談すればいい。そんなこころの支えとなっているんだ。

いいかい、親友が欲しかったら、相手に真剣にぶつかって行くこと。そんな君の気持ちから逃げたり、笑ったり、ばかにしたりしないで、きちんと向き合って受け止めてくれる人は必ずいます。それが、君の将来の親友、こころの友になりますよ」友人もうなずいていました。彼女が言いました。

「でも、水谷先生、お父さん、私は怖い。何も気にしないで、自分の考えていることや思っていることを、そのまま相手にぶつけたら嫌われるんじゃないか、いじめられるんじゃないかって」このことばを聞いた友人がアドバイスしました。

「そんなことを気にしていたら、親友なんてできないよ。確かに、お父さんはいつも本音で相手と向き合うから、お父さんを嫌う人もいる。でも、だからこそ、水谷のような親友もできるんだよ」

一生のこころの支えとなる親友を作りたいなら、たくさんの人たちと本音で話をしよう。それで君のもとを去る人は、追わなくてもいいんだよ。君のもとに残った人こそが、一生の友となります。

# 尊いことは、歴史の中からも学べる

私は横浜の高等学校で社会科の教員をしていました。「現代社会」「政治・経済」「倫理」「地理」「日本史」「世界史」を生徒たちに教えました。でもじつは、歴史を生徒たちに教えることに苦痛を感じていました。

たとえば、世界史に目を向けると、世界征服を目指したアレクサンダーやチンギス・ハンの活躍にこころを踊らせた人も多いのではないでしょうか。また、未知の世界へと船出したコロンブスやマゼランの苦労話に感動したことがあるかもしれません。しかし、アレクサンダーやチンギス・ハンは、その征服の過程でどれだけ多くの罪のない人を殺戮《さつりく》したでしょう。コロンブスやマゼランが新たな地を発見することによって、アフリカや南米の国々はヨーロッパの国々の植民地とされ、その地に住むどれだけ多くの人が殺戮され、奴隷とされたのでしょう。銀や金、小麦などの富がどれだけ奪われたのでしょう。

これは、日本の歴史でも同じです。たとえば、テレビドラマ化された平清盛は、多くの人を死に追いやっています。これは、何のためだったのでしょうか。歴史を見れば明らかです。当時の人々を幸せにするため、そんなふうに解釈する人はいないでしょう。自分と平家一族の繁栄のために戦《いくさ》を起こしたのです。しかし、今の時代であれば極悪人《ごくあくにん》と言われるような人間が、あたかも英雄のように扱われています。これは、織田信長や上杉謙信、武田信玄や徳川家康など戦国時代の武将でも同じです。

私は歴史を教える時、いつも歴史上の有名な人の陰に、この血の臭いと悪の香りを感じていました。多くの罪もない人たちや子どもたちの限りない哀しみを感じてきました。

だからこそ、歴史の最初の授業ではいつもこう話しました。「みなさん、私がこれから1年間教える歴史のそれぞれの事件では、歴史の中で忘れられた多くの人たちの涙と血が流されています。どうぞ、私が教える歴史の中に、その当時の人たちの哀しみを見てください。彼らの立場にみずからを置いてみてください。ぜひ、この人たちの目とこころで歴史をとらえて欲しいのです」

今、日本は歴史ブームと言われています。歴史上の有名な人物がヒーローとして尊敬されたり、町や村興《おこ》しのシンボルとして使われたりしています。しかし、私はそれに違和感を抱きます。

本当に評価されなくてはいけないのは、さまざまな戦争や弾圧、飢饉《ききん》の中でも必死に家族を守り、今へとその血脈をつないだ多くの民、歴史に名を留《とど》めることなどできなかった人たちです。ぜひ、こんな歴史の見方も考えてみてください。本当に尊いことは何かがわかるヒントになります。

# 本当の幸せとは何か

夜回りをしている時、1人の若者から声をかけられました。

「夜回り先生だろ。俺が高校生の時、先生の講演を学校で聞いた、感動したよ。いまだに、夜回りをやっているんだね」そのまま彼と話をしました。

彼の仕事は、キャバクラと呼ばれる風俗店の客引きです。お客さんを1人取るたびに報酬《ほうしゅう》をもらうそうです。私は彼に言いました。

「昼の世界に戻ろう。いつまで今の仕事をしても明日はないだろう」彼は答えます。「うちの親父《おやじ》は中学を卒業してから鉄工所で朝から晩までまじめに働いていた、安い給料でさ。でも、この不況で鉄工所がつぶれた。退職金もなしだよ。おかげで今は酒浸《びた》りの毎日さ。先生、まじめに生きたってそんなもんだよ。俺は日に3万円は稼ぐから、親父よりたっぷり金を持っている。今がよければそれでいいんだ」このことばを聞いて、哀しくなりました。

私は、夜の町で彼のように考える若者たちとたくさん出会ってきました。どうせ、まじめに働いたっていいことなんかない。だったら、今が楽しければそれでいいと考える若者たちと。

でも、彼らがこう思ってしまう原因は、私たち大人にあると考えています。私たちの国は、バブル経済が崩壊して以来、経済的にも社会的にも、閉塞《へいそく》した状況が続いています。多くの大人たちが笑顔を失い、いらいらする気持ちはわかります。しかし、そんな大人たちを日々目にする子どもたちは、どう育っていくのでしょう。この若者たちのように、明日を捨て、今が楽しければいいと、ただ刹那《せつな》的《てき》に生きる人となってしまうのではないでしょうか。

でも、みなさんは本当の幸せとは何かを考えてみてください。朝元気に目覚めること、幸せではないですか。家族と毎日夕食を一緒に食べられること、すごく幸せではありませんか。今日を健康に生きていて、たぶん明日も元気に生きていると確信できること、すごい幸せではないですか。

そう考えると、幸せはいつも私たちのまわりにたくさんあります。ただ、みなさんがそれに気づけばいいのです。どうぞ今、自分のまわりにある幸せを、一つずつ数えてみてください。ほら、たくさんの笑顔が浮かぶとともに、自分のこころに希望が浮かんできませんか。

# 雲の向こうはいつも晴れ

topic

# 人生はいつだって、やり直せる

ある日、こんな希望にあふれたメールが舞い込みました。

「先日、初めて先生の講演を聞きました。

私はもうすぐ30歳になります。10代からずっと夜の世界に住んでいました。自分の居場所を求め、人にはとても言えない自堕落《じだらく》な生活をしていました。そんな私は、ある時、誰もいない時間帯を狙《ねら》って4、5年ぶりに実家の自分の部屋に入って驚きました。机の上に私を心配した母が遠くまで買いに行ってくれたお守りと、水谷先生の本が2冊置いてあったのです。生まれて初めて家族のことを思い、涙があふれました。先生の出会った子どもたちの話を読み、いつ死んでもいいと自暴自棄《じぼうじき》になっていた自分のこころの中に、本当は家族と過ごしたいと思っている自分がいることに気づいたのです。その半年後、すべてを昼の生活に戻すことができました。

あの日以来、家族、特に母とは仲良しになりました。今は4歳の子どもと2人で、毎日大変ながらも楽しく生きています。先生の『いいんだよ』、このことばに何度も救われました。こんな私ですが、来月再婚します。相手は子どもたちにバレーボールを教えているすてきな人です。初めての結婚式がとても楽しみです。

講演会の後、先生の楽屋を訪ねて『先生、10年間会いたかったです』と言った私に、『人は思っていれば、いつかは会えるんですよ』と言ってくださいました。その通りですね。私、生きていたから先生に会えました！　先生の大きな手のぬくもりをこれからも忘れません。またお会いしましょう」

これを読んで、私はとてもうれしくなりました。まさに、自分の力で人生をやり直してくれたからです。

子どもはガラスのようにもろいこころの持ち主です。大人から見たらちょっとしたようなことで傷つき、こころを閉ざしてしまいます。

子どもは人生経験が少ないので単純です。その子のことを思って口うるさく言う人を嫌い、利用しようとする悪い大人たちの甘いことばと誘惑《ゆうわく》に、簡単にだまされてしまいます。

子どもはすぐにあきらめてしまいます。一度失敗したり、間違った道に進んでしまうと、もう自分は駄目だと人生を捨ててしまいます。じつは、たくさんの優しさと明日への夢がいつも取り囲んでいるのに、それに気づきません。

人生は長い。いつでもやり直せます。今、まわりからのいじめで苦しんでいても、家族との関係で明日が見えなくなっていても、ふてくされて夜の世界に入ってしまっていても、必ずやり直しはできます。そのためには、まずはこころを開きましょう。まわりにいるできるだけ多くの人に、今の思いやつらさを話すのです。それが幸せを運んできます。

# 雲の上にはいつも太陽が輝いている

北は北海道から、南は奄美の徳之島、そして沖縄と、毎日移動しながら講演を続けています。そこでは、多くの子どもたちとの出会いがあります。ある日、昔かかわった1人の子が講演会に来てくれました。そして、とてもうれしい手紙をくれました。

「中学の頃にお世話になった者です。水谷先生はたくさんの子どもと接していますから、私のことは忘れていますよね。でも、どうしても伝えたいことがあって手紙を書きました。先生に電話で励まされたこと、メールで受け入れてくれたこと、それがなければ、私は今も夜の世界にいたと思います。

大学は病気療養のために休学したこともあって、再来年の春に卒業予定です。

今でもカウンセリングを受けながら大学に通って、塾講師としてアルバイトもしています。どんな生徒でもかわいいですね。だから、夢ができました。臨床心理士の指定大学院に2年間通って、資格を取ることです。教育学部にいる人間には臨床心理の知識がないと言われるかもしれませんが、絶対になってみせます。臨床心理士として誰かを救うとかそんな大きなことは考えていません。病院で働きながら、悩んでいる人の話を聞き、ただそばにいたい。私と触れ合うことで『1人じゃない、生きていていい』と思ってくれる人がいたら幸せです。これは、先生から学びました。

水谷先生、夜の世界から抜け出させてくれて、自殺未遂《みすい》をして入院した私を受け入れてくれてありがとう。夢や希望を与えてくれてありがとう。本当にありがとうございました」

私のもとには、今を悩み、苦しんでいる子どもたちからの相談がきます。「死にたい」「いじめた奴《やつ》を、殺してやる」「今から死にます」と書かれた切羽詰《せっぱつ》まったメールも届きます。それらのメールには、私は必ずこう返事を書きます。
「水谷です。人のために何かしてごらん。返ってくるありがとうのことばや、優しさが、君の明日を拓《ひら》きます。君の生きる力になります。自分の今と、自分のことだけを考えるのはやめて、誰かの笑顔のために生きてごらん」

君たちは知っていますか。今、雨が降っていても、今、空が曇っていても、その向こうでは、いつも太陽が輝いていることを。今がどんなにつらくても、生きてさえいれば、そして、人のために、誰かの笑顔のために生きれば、必ず幸せがやってきます。

# 素直になれば、こころは通う

あるお父さんから届いたメールです。

「先日、娘がリストカットをしていること、ドラッグをやったことを話してくれました。家庭内の問題や学校での出来事が、彼女を苦しめていたのでしょう。私は娘が言うことを聞かないと、強く叱《しか》っていました。引っぱたき怒鳴る、最悪の父親です。当然、娘からの見返りもありました。ある日突然、金髪になり、腕にはタトゥーも入っていました。家出を繰り返し、行くところがなくなるとふらっとわが家に戻って来ました。娘のそんな姿を見ると、私はまた怒鳴り叩《たた》きました。そりゃぁ、グレたくもなりますよね。

でも、今日、水谷先生の講演を聞いてこころが洗われました。思い返せば仕事ばかりで、子どものことはそっちのけの日々でした。何でもっと早く気づけなかったんだろう、何であの時、優しくしてあげなかったんだろうと、後悔ばかりです。悪いのは娘ではなく、間違いなく私です。

だから、自宅に帰る途中、理容室に寄って髪を剃《そ》ってもらい、頭を丸めました。

帰宅して娘の部屋へ直行し、娘の前で土下座《どげざ》しながら、『ごめんな、お父さんが間違っていた！　ごめんね、ごめんね』と何度も謝《あやま》りました。娘は、初めは『今さら何よ』という顔をしてましたが、次第に目から1粒、また1粒と涙が落ちてきて、最後には号泣してしまいました。私も泣きながら、娘を苦しめていたいろいろなことを聞きました。

今から、久しぶりに父娘二人きりでご飯を食べに出かけます。緊張します。『パパはお酒飲むからバスで行こう』と、娘が言っています。今夜、娘がお酌《しゃく》してくれるビールは、間違いなく世界一の美酒でしょう。髪は金髪、腕にはタトゥーの娘は、誰の目にもまともじゃなく映《うつ》るでしょうね。でも、誰がどう言おうと、私は娘の味方であることを誓います。娘の顔をまじまじと見たら、悩みも消えて輝きにあふれてるような気がします。かわいいわが子は私の誇《ほこ》りです。こいつのパパでよかったと、実感しました。

今日は私と娘の人生の分岐点になりました。水谷先生、本当にありがとうございました」

私は今まで、親子関係が崩壊してしまった子どもたちや親から多くの相談を受けてきました。また、そこにかかわってきました。そんな中で、気づいたことがあります。ほとんどのケースで、親子ともに本当はお互いのことが大好きなのに、素直になれず、突っ張ってしまっていることです。親が「ごめんね」と言えば、あるいは、子どもが「助けて」と言いさえすれば、お互いのこころが通じ合うのに、そのひとことが言えないのです。君たち親子はどうですか。

# どんないじめも、絶対に許してはいけない

私から、いじめについてお願いがあります。

もしも君がいじめられているとしたら、親、おじいさんやおばあさん、先生や校長先生、友だちのお父さんやお母さん、誰でもいいので信頼できる大人に話してください。身近な大人で信じられる人がいなかったら、警察に行こう。交番のおまわりさんでもいい、刑事さんでもいいから、自分がされていることを伝えてください。

誰かに相談したら、もっとひどいいじめにあうのではないか、ぼこぼこにされてしまうのではないかと、恐《おそ》れている子もいるでしょう。でもね、本当に強い子はいじめなんてしません。自分が弱いから、いじめをして自分のいらいらを晴ら

そうとするのです。怖《こわ》がらないで勇気を出して戦おう。大人は必ず君を守り、一緒に戦ってくれます。

もしも自分の学校やクラスでいじめがあることに気づいたら、そのことを君の親に、そして学校の先生に教えてあげてください。でも、君たちの中には、暴力をふるわれているわけではないし、ただ無視されたり、悪口を言われたりしているだけだから、いじめかどうかわからないと思っている子もいるでしょう。そんな時は、無視されたり悪口を言われている子が元気なのか、つらそうではないのか、哀《かな》しそうではないのか、それを見てあげてください。もしも、元気がなかったり、つらそうだったり、哀しそうだったりしたら、いじめられている可能性があります。それを親や先生にきちんと伝えてください。後は、親や先生が判断してくれます。

君たちの中には、いじめに気づいているけれど、それを親や先生に話したら自分もいじめられるかもしれないから怖い、と思っている人がいるかもしれません。

そんな君に言っておきます。自分を守るために、誰かがいじめられていても見て見ぬふりをすることは、そのいじめに君も参加しているということです。絶対にしてはいけないことです。

そんな君たちに、勇気が出る話を伝えましょう。

2007年、カナダのノバスコシア州の9年生、カナダでは日本の小学校から高校までの12年間が義務教育となっていますから、この生徒は日本で言えば中学3年生です。彼はある日ピンクのポロシャツを着て登校したところ、ホモ・セクシャルと言われ、暴力まで受けるいじめにあいました。そのことを知った12年生、つまり日本では高校3年生の2人の生徒が、町中を走り回って50枚のピンクのシャツやティーシャツを買い、クラスメートに翌日はそれを着て登校してくれるように頼みました。次の日、学校はピンクのシャツを着た生徒であふれ、それ以後、その学校でのいじめはなくなったそうです。

この事実は、報道を通じてまたたく間にカナダ全土に広がりました。その結果、毎年2月の最終水曜日を「ピンクシャツデー」として、いじめ撲滅《ぼくめつ》を訴《うった》える活動をおこなうようになったのです。政治家や会社員、学校では子どもたちもピンクのシャツを着て、この国ではいじめは絶対に認めないという意思を表明していま す。

たった二人の高校生の行動が、社会現象を起こしたという例です。どうですか、勇気が湧《わ》きましたか。

# コピーアンドペーストの罠を越えて

先日、地元の図書館に行きました。来年の大学での授業の講義録を作るために調べたいことがあったからです。司書の方にお願いして数冊の本を書庫から出してもらい、それを広げながら講義録をノートにまとめました。

私のすぐ横では、大学生風の若者がコンピューターを使って何かを調べていました。とても不思議な光景でした。図書館にいるのに本を1冊も広げることなく、ただひたすらコンピューターに向かっているのです。しかも、見ているとキーボードのキーを打つことは少なく、ほとんどがコピーアンドペーストです。

その日の昼食は、ラウンジで一足先にコンビニのサンドイッチを食べていた彼の横で食べました。そこで少し話をしました。

彼は近くの大学の教育学部４年生で、卒論をまとめに図書館に来ていました。卒論のタイトルを聞くと「カントにおける直感と経験」だと言います。40年近く哲学を学んできた私でも驚くようなすごいタイトルです。

私は大学で哲学を教えていることを彼に伝えて、卒論を少し読ませてもらいました。ひどいものでした。関係する論文をコンピューターで検索し、その一部を単につなげたものだとすぐわかりました。しかも、それを書いた人の名前を示した引用の表現ではなく、さも自分が考えたり思ったことのように書かれています。そこで私は、もしも私が彼の卒論の教官なら、これでは単位を与えられないと伝えました。そして、彼のしたことは盗作であり、作家や学者であれば、一度でもそのようなことをすれば地位と名誉をすべて失ってしまうことや、犯罪として裁《さば》かれることもある大きな問題だと伝えました。

今、彼のように手軽にコピペしてしまい、罪悪感を持たない人が大勢います。彼は正直な若者でした。高校教員としての採用が決まっているので、卒業できなければ大変なことになると頭を抱えてしまいました。私は不正なことをして卒業し教員になるより、留年してでもきちんともう一度学び、研究して、胸を張って大学を卒業すること。そして、子どもたちにきちんと学問を教えることのできる教員になるように勧めました。彼は小さな声で「はい」と答えてくれました。

少しして私が席に戻ると、彼は荷物をまとめていました。「ありがとうございました。先生の言う通りです。僕は間違っていました。やり直します」そう言って、哀しそうに図書館を出て行こうとしました。私は「しょうがないね。手伝おう」と声をかけました。

今彼は、私のもとで懸命に勉強しています。私に指示された文献を必死で読みながら、論文を自分のことばで手書きしています。卒論の提出までは1ヵ月を切っていますから、間に合うかどうかはわかりません。でも、彼の顔は輝いていて幸せそうです。いつかきっと、よい教員になるでしょう。

## 「わからない」と言える勇気を持つ

広島での講演の時、広島空港からレンタカーで市内に向かい、時間がだいぶあったので、久しぶりに平和記念公園を訪ねました。

みなさんも知っていると思いますが、第二次世界大戦中の１９４５年８月６日、アメリカによって広島に世界最初の原子爆弾が投下されました。そして数多くの尊《とうと》い命が失われました。その原子爆弾が爆発したその真下が、今は平和記念公園となっています。全国から修学旅行で広島を訪れた、数多くの中学生や高校生たちが見学に来ていました。

そんな中、どう見ても地元の中学生と思える一団が、芝生《しばふ》でサッカーをしていました。私は彼らに近づき、「学校はどうしたんだい」と声をかけました。彼らは驚いて逃げようとしました。「逃げなくていいよ。そうだ、ジュースをおごるよ。話をしよう」と誘い、1時間近く話をしました。やはり彼らは、学校をサボっていました。「どうしてサボるの」と問うと、彼らは言いました。

「だって俺たち、小学校の頃から勉強ぜんぜんわからない。漢字も苦手《にがて》、いっぱいあると頭が痛くなるし。英語なんてまったくついて行けない。分数や小数もよくわからない。だから、教室で座っていたっておもしろくも何ともない。先生たちも俺たちなんていないほうがいいんだ。教室にいてもつまんないから仲間と騒ぐしかないけど、授業中なのに学校の中で遊んでいたら迷惑だし……」

私は彼らに言いました。「それでいいのかい。勉強がわからないままで」

彼らの1人が言いました。「そりゃ、高校に行きたいし、勉強もわかるようになりたい。でも、無理さ。小学校の勉強からよくわからないんだから」

私は彼らに「勉強クラブ」を作ることを提案しました。「校長先生に頼んで、1つ教室を用意してもらい、授業中でも放課後でも、そこで、授業のない先生や教頭先生、校長先生から小学校の勉強からやり直して教えてもらってごらん」と。

でも、彼らは口々に言います。「やってくれるかなぁ」

そんな彼らに「もし、中学校がやってくれないなら、自分の通った小学校で頼んでごらん。それでも駄目なら私に連絡をしなさい、教育委員会に頼んであげるから」と答えました。

学校で学ぶ知識は大切なものです。たとえば、お金は使えば減りますが、知識は使えば使うほど増えていきます。そして、人生を豊かにしてくれます。

授業について行けなくなった子どもたちへお願いです。

あきらめてしまうのではなくて、「わからない」と言う勇気を持とう。それをきちんと先生方に伝えよう。そして、放課後に多くの先生たちに顧問《こもん》になってもらって、小学校の勉強まで戻って一からやり直そう。1人で恥《は》ずかしかったら仲間を集めて、「勉強クラブ」を作るのもいいでしょう。

# 「感性」「理性」「悟性」をバランスよく磨く

君たちの頭が少しかゆくなるような哲学の話をしましょう。一般的に哲学では、人間のこころの中に、「感性」と「理性」と「悟性《ごせい》」が存在すると考えます。こんな難しいことばを使われてもわからないかもしれませんね。それでは簡単に説明します。

「感性」とは、感じたり思ったりする能力です。花を見て美しいと感じたり、きれいな音楽を聴いてこころが落ち着くと感じる。あるいは逆に、愛する人を亡くして哀しいと感じたり、卑怯《ひきょう》なことをされて憎いと感じる。これが「感性」です。この「感性」の豊かな人は、芸術家に向いているでしょう。

でも、「感性」には、もっと原始的な面もあります。おなかがすいている時に店頭に並ぶパンを見て欲しいと思ったり、人が自分よりよい物を持っているのを見て自分も欲しいと思う。これも「感性」です。この原始的な「感性」の豊かな人は気をつけてください。間違いを犯《おか》してしまう可能性があります。

「理性」とは、考える能力です。目の前の美しい花を摘み取り自分の物にしたいけれど、そうすれば困る人がいる。だからやめよう。これが、「理性」の働きです。人が社会の中で生きていくうえで最も大切なものであり、いい人との出会いや、きちんとした教育を通して身につけていくものです。「理性」の優《すぐ》れている人は人から愛され、そして幸せな人生を過ごすことでしょう。

「悟性」とは、「理性」を反省する能力のことです。たとえば、人の物を欲しいからといって奪《うば》うことは人に迷惑をかける行為だからしないという、「理性」の決定があったとします。これはこれで、十分に尊いことです。でも、そこで留《とど》まらずに、なぜ自分がそれを欲しかったのか、もしも奪うとどのような結果になり、他の人にどんな迷惑をかけるのかを考える。あるいはもっと根本的に、ここにある欲望とは、人間にとってどのようなものなのかと追究する。

このように、その問題の本質まで深く考えて理論化していこうとする。これが「悟性」の力です。この能力の優れている人は、学者に向いているでしょう。

私が難しいことを書いたのには理由があります。君たちを見ていて、「感性」だけで生きている人が多いと思っているからです。自分の明日のために、きちんと「理性」「悟性」も磨《みが》きましょう。

# 東日本大震災を風化させてはいけない

２０１１年の秋、私のもとに東日本大震災で被災した子どもたちからの相談が続きました。これはその一つです。

「夜回り先生ですか。私は石巻《いしのまき》の高校３年生です。今回の大震災と津波で父を亡くしました。家も流され、今は母と弟と仮設住宅にいます。

大震災が来るまでは、大学進学を志望していました。高校の先生になりたかったから。そう思ったのは、たぶん、夜回り先生の影響です。先生の本を中学時代に読んで、こんな先生になりたいと思ったから。でも、大学進学はあきらめました。からだの弱い母を助けたい、中学３年の弟をきちんと高校に進学させたい。そう考えて就職することにしました。夏休みの７月から、高校の先生たちの紹介で仕事を探しました。それなのに、ここでは仕事がありません。当たり前ですよね。地元の会社のほとんどが被災してしまい、新しい社員を雇う余裕なんてありませんから。

もうどうしていいかわかりません。でも、今もどん底にいるお母さんの笑顔が見たい。『高校進学をあきらめる』と哀しい顔で言う弟を笑顔にしたい。先生、助けてください」

私はすぐに返事を書きました。

「水谷です。メールありがとう。君の優しさに涙がこぼれました。お願いがあります。どうぞ、夢を捨てないでください。いい先生になってください。こんな優しい君は、本当に先生になって欲しい。子どもたちが待っています。そのためのお手伝いは何でもします」

私は震災直後から、東北の子どもたちのために動きました。でも、私と私の仲間たち、生徒たちの力には限りがありました。「多くの子どもたちが家族を失い、明日の夢を奪われて苦しんでいるのに」と、この時ほど自分が無力だと感じたことはありませんでした。

さらに、東日本大震災から1年後にも、福島県から宮城県へと被災地を回りました。

福島県では、高等学校の先生方と生徒たちの進学や就職状況について話し合いました。津波で家を失い、進学をあきらめて就職しようとしたけれど、会社からの採用がなく苦しんでいる生徒たち。畑が原子力発電所の事故による放射能に汚染されてしまい、農作物を作れなくなり、進路を決めかねている生徒たちが数多くいることも聞きました。

白河、郡山《こおりやま》、福島といくつかの町を回りましたが、公園や広場には小さな子どもたちの姿を見つけることができませんでした。町のいろいろな場所に放射能のホットスポットがあって危険だからと、親たちが子どもを外に出さないと聞きました。

宮城県では、亘理《わたり》から仙台にかけての津波による被害を受けた海岸線沿いを車で回りました。がれきの片づけはほぼ完了していました。しかし、かつて栄えていた町は壊滅状態です。命の息吹《いぶき》を感じることのできない更地《さらち》となっていました。そこで1人の女子高校生と出会いました。花束を手に国道を歩いていたのです。

彼女は高校3年生でした。津波で家と祖母を失ったそうです。父親は働いていた工場が被災したため仕事を失い、彼女は進学をあきらめて就職することになりました。卒業式が終わると、研修のために会社のある横浜市に行かなくてはならない。祖母の命日には帰って来られないので、今日、お花を供《そな》えに来たと話してくれました。彼女と一緒に、かつて家があったところで合掌《がっしょう》させてもらいました。

仙台では、身元がわからない方々の遺骨安置所を訪ねました。プレハブ建ての安置所の中には、番号だけが記《しる》されたご遺骨が寂しく並んでいました。そのかたわらには、最期《さいご》に身につけていた品がビニールの袋に入れられて置かれていました。中にはかわいいぬいぐるみがついた子ども用の財布《さいふ》がありました。たぶんご遺骨は5、6歳の少女のものなのでしょう。一つひとつのご遺骨に合掌させていただきました。

復興には長い時と支援が必要です。この現実から目を逸《そ》らさず、きちんと向き合いながら、できることをしていきましょう。今この時も、震災前と同じ生活を取り戻すことができず、苦しんでいる人がいることを決して忘れないでください。起こったことを風化させてはいけないのです。人間にとって一番哀しいことは、忘れ去られることです。無念の思いを抱いて亡くなった人でも、みなさんが思い出せれば、その人はみなさんのこころの中に生きているのです。これが今も苦しんでいる人たちの一番の力となります。

# 今、生きているのは「当たり前」ではない

さらに、こんなメールが届きました。うれしいので紹介します。

「水谷先生、こんばんは。長野県で消防士として働いている者です。

中日新聞に連載中の先生のエッセーをいつも読ませていただいています。特に先日掲載された石巻の高校3年生のメールの話は何回も読み直しました。地震はたくさんの被害を残しました。悲しみもたくさん残していきました。

先日、子どもの小学校で授業参観がありました。自分は下の子のクラス懇談会の時間に、東日本大震災の支援に行った時の話をさせていただきました。もともと人前で話をするのは苦手です。この時も何を一番伝えたらいいのかわからず迷いましたが、自分が現場で思ったことを全部話してみようと決めました。前半で

は消防の活動内容を伝えました。そして、後半では自分の思いを話しました。『生きてるのは当たり前じゃなく、本当に幸せなことなんです』と何回も伝えました。自分が活動した場所には、生きたくても生きられない人がたくさんいました。津波に襲《おそ》われた家や車の下敷きで発見された人も多く、すぐに水の中から救出できない状況下では、家族のもとに帰してあげることもままなりませんでした。

今、家族がいて、子どもが元気に過ごしていて、あたたかいご飯が食べられ、あたたかい布団《ふとん》で休めることがどんなに幸せなことなのか、自分なりにですが一生懸命話しました。最後に『話を終わります』と言った時に、被災地から来ている子どものお父さんが最初に大きな拍手をしてくださいました。その時、うかつにも涙があふれてしまいました。鬼の目にも涙ですね。

懇談会が終わってから、そのお父さんに『ありがとうございました』とお礼を言われました。『生きていることは、本当に当たり前ではなく幸せなことです』と、被災した日のことを語ってくれました。お父さんの家は海からわずか6メートルのところにあったため、津波で流されてしまったそうです。でも、家族は奇跡的に全員無事です。『被災者の私たちは、テレビや新聞などの報道ではわからないことがたくさんありました。だから、今日みたいな救済活動をした人の現場の話が聞けたのはよかったです』と言ってくださいました。

さらにその後には、夫婦で参加していた方が近寄って来て、お母さんが『生きていることは幸せなんですよね、当たり前じゃないんですよね』と、泣きながら話してくれました。お父さんは『今日の話を聞いたら、もう夫婦げんかなんかしてられないよな。家族を大切にします』と言ってくれました。うれしかったです。

自分は、これからも被災地で感じたことを細々とでもいいので、まわりの人に伝えていきたいと思います。当たり前ではない、生きていることの大切さ、幸せを、先生から教えていただいた命の大切さと一緒に伝えていきます」

# 必ず何か道はある、そう信じて生きる

先日、叔父が亡くなりました。かつて企業による公害が大きな問題となった時、新潟水俣病《みなまたびょう》の原因を作った企業の研究所に勤めていました。科学者として、新潟水俣病とその企業との関係を否定するための研究や実験をしていました。その当時の叔父は、暗かった。叔父が私にそっと言ったことばを、今も覚えています。

「修、研究すればするほど、実験すればするほど、うちの会社が原因だとわかるんだ。でも会社は、何としてもそうではない証拠を見つけろと言う。つらいなぁ、勤め人は……」

叔父は、会社が公害の原因企業として社会的に認められた時、職場を去りました。その後、小さな化学関係の会社の研究室に勤めました。それからは元気そのものでした。

「今、俺は膜の研究をしている、酸素だけを通す膜だぞ。そうだな、魚のえらを思い出せばいい。えらは水の中から酸素だけを透過している。それを膜で作りたいんだ。これができたらすごいぞ。人間も酸素ボンベなしで水中で活動できる。空気を簡単に浄化できるし、さまざまに応用できる。いいなぁ、人のためになるものを作ることは」と、いつも目を輝かせて研究の話をしてくれました。


ある時、叔父はガンの宣告を受けました。病魔はすでに直腸から肺に転移し、医師からは余命半年と告知されました。でも、叔父は私に言いました。

「どんな時にも、その解決方法を探し求めるのが科学者の仕事だ。俺たち科学者があきらめてしまったら、新たな発見や発明はなくなってしまう」

その時から叔父は、国内はもちろんのこと、海外のガンに関する論文や文献まで読みあさり、自分の病《やまい》と闘《たたか》いました。自分の身体を実験台として、ガンに有効と言われるあらゆる治療法や療法を試しました。その結果、ガンの治癒《ちゆ》はかないませんが、転移は止まり医師が驚くほど回復しました。叔父はうれしそうに言いました。

「どうだ、修。求めよ、さらば与えられんだ。どんな時にも、あきらめたら終わりだぞ。必ず何か道はある、そう信じて生きる。これが大切なんだ」

そんな叔父の容体が悪化しました。かたくなに入院を嫌っていたのに、自分から病院を予約し入院したのです。

知らせを聞いた私が病院に駆けつけると、「修、そろそろ俺の寿命がつきるようだ。でも、俺はガンに負けてガンで死ぬんじゃない。決められた寿命で死ぬんだ」そう言いました。叔父は苦痛を和《やわ》らげる緩和《かんわ》ケアを受けて亡くなりました。

叔父の死に顔はまるで微笑《ほほえ》んでいるかのようで、苦しみを感じさせませんでした。私は、葬儀で花に囲まれた叔父にそっと言いました。「叔父さん、本当にご苦労さまでした」

## 漫画のすごさを教えてくれた仲間

私は子どもの頃から、漫画が嫌いでした。それは明治生まれの祖母に「あんなものは頭を使わないで読めるから、頭が悪くなる。それに品がない。お前はきちんとした文学を読みなさい」といつも言われていたせいだと思います。だから、高校の教員時代も、生徒たちにいつも「漫画を読む時間があるなら、きちんとした本を読んだほうが君の明日につながる」と指導していました。

8年ほど前のことです。そんな私のもとにある出版社から『夜回り先生』の本を漫画化したいという打診がありました。私は即座に「漫画なんかで、私の作品やかかわった子どもたちを汚すことはできない」と断りました。でも、「ともかく一度会ってください」と言う編集者の熱い思いにこころを動かされました。約束の日、その編集者は土田世紀君という若い漫画家を連れて、私のもとに来ました。土田君は私にそっと語りました。

「先生はことばと文章で子どもたちのこころを描く。それがドラマならば、俳優は演技で子どもたちのこころを描く。私たち漫画家はそれを絵で描きます。それぞれ子どもたちを描く方法は異なりますが、それぞれに可能性はあります。まずは、描かせてください」

私は彼のまじめなことばにこころを動かされました。そして、漫画化を承諾しました。

後日、彼が描いた『夜回り先生』の漫画を見て、私は圧倒されました。その中では、私の生きた日々、かかわった子どもたちが、まさに生き返っていました。子どもたちとの厳しかった日々、哀しかった別れが生き生きとよみがえってきました。私は泣きました。すぐに土田君に電話をし、こころから謝りました。「私は漫画というものをきちんと知ることなく、何十年間も否定し続けてきた。でも、君のおかげで、漫画のすごさをきちんと理解できた。ありがとう」

彼はただひとこと「おっす」と答えてくれました。彼はその日以来、『夜回り先生』を描き続けてくれました。

この土田君が、2012年4月24日、43歳の若さで突然亡くなりました。6月に出版する予定の『夜回り先生』の第11巻を描いている途中、愛用のペンを握《にぎ》りしめながらの無念の死でした。私は悔《くや》しくて哀しくて、棺《ひつぎ》の中の彼に何度も「ばかやろう」と叫《さけ》びました。そして、私は彼と作った作品を一つひとつ読み返しました。苦しかったけれど楽しかった彼との8年の歳月を思い出しながら。これから先も、大切な仲間がいたことを決して忘れることはありません。

# 思い出はこころを豊かにする

1本の哀しい電話をもらいました。私は20代の後半から5年間、からだの不自由な子どもたちの高校に勤めました。その時担任をした重い障がいを持ったある女子生徒の父親が、亡くなったという知らせです。

この父親と私は趣味が一緒で、バイクと車でした。とても話が合い、生徒の卒業後も、よくご自宅におじゃましてお酒を飲んだ仲でした。仕事はトレーラーの運転手で、日本中にコンテナを運んでいました。奥さんと一人娘の3人家族で、古い市営住宅に住んでいましたが、家の中は整頓され、笑顔が絶えないあたたかい家庭でした。

訃報《ふほう》を聞いた私は、すぐに訪ねました。彼の枕元に座った私に奥さんが最後の手紙を読んでくれました。

「俺はたぶん家に戻れないだろう。自分のからだのことは自分が一番よくわかる。裕福な医者の家庭でお嬢さんとして育ったお前が、俺みたいな男と結婚したばかりに、親や親戚《しんせき》から縁を切られ、貧しい生活になった。つらかっただろう。しかも、たった一人の娘は重い障がいを持って生まれた。でも、お前はよくやってくれた。俺と娘を本当に愛してくれた。俺は、世界で一番幸せな男だ。娘とお前を残してあの世に行くことは本当につらい。死にたくない。でも、これが俺の寿命だ、許してくれ。あの子のことは頼んだよ。困った時は水谷先生に相談しなさい。きっと力になってくれるよ。今まで本当にありがとう」

奥さんは、彼が1年前から膵臓《すいぞう》ガンと闘っていたことを話してくれました。でも、「水谷先生には絶対伝えるな。先生の哀しむ顔は見たくない」と言っていたこと。さらに、最後の入院の前に、トレーラーでコンテナを届けた帰りに家族3人で東北の温泉を回って帰って来たこと。しかも、「先生、これを見てください」

と言って、奥さんは1冊の預金通帳を見せてくれました。彼は娘が生まれたその時から毎月、奥さんに黙って貯金をしていました。その通帳には、大きな金額が積み立てられていました。

「優しい人です。私たちと過ごす時が一番幸せと言って、好きなお酒も先生が来た時しか飲みませんでした」そう話しながら、奥さんは泣きました。「先生、あの人と最後のお酒を飲んでやってください。いつも楽しみにしていましたよ」と言われ、私はたくさんの楽しかった昔話をしながら、彼と飲み交わしました。

私が帰る時、奥さんが言いました。「先生、私は幸せです。大丈夫です。だってあの人がたくさんの幸せな思い出を残してくれたから」

幸せとは何でしょう。有名になることですか。お金持ちになることですか。それとも、素晴らしい家庭を持つことですか。

こころを豊かにしてくれる思い出があれば、人は幸せになれるのです。

# 農業への偏見を捨てた日

車で講演に行った帰り、道路沿いにある野菜の直売所が目についたので立ち寄りました。新鮮な野菜を買おうと思ったからです。

その直売所は、70代のご夫婦が、自分たちの畑で作った野菜を朝収穫して売っていました。大根、白菜、ごぼう、じゃがいも、ほうれんそう、小松菜など、たくさんの種類の新鮮な野菜が安い値段で売られていました。

私はご夫婦に話しかけました。「どうですか、景気は。農業はきつくないですか?」ご主人が少しむっとした顔をしながら、私に語り始めました。

「今は、世の中の人みんなが、『農業はきつい。金にならない』と言う。若い人たちは『農業なんて、明日のない仕事』と言ってやりたがらない。うちの息子たちも跡《あと》を継いでくれなかった。あんたもそう思っているんだろう。でもな、それは間違いだ。

俺たち夫婦はご先祖から受け継いだ畑をずっと守ってきた、狭い畑だけどな。そこでまじめに働いて野菜を作り、それを売ってちゃんと今まで生きてきた。4人の子どもは大学まで行かせてやれたし、年に何回かは夫婦で旅行もしている。今年も正月には、ばあちゃんと東北の温泉に行って来たよ。

農業は、俺には最高の仕事だった。誰かに命令されることもないし、人の目やことばを気にする必要もなく、ただ、自分の責任でまじめに生きればいいから。それにな、俺たちには定年退職なんてないからさ、70を過ぎた今でも現役だよ。むしろ、野菜を作ることにかけては若い頃に比べたら名人級だ。何てったって50年以上、まじめに畑と向き合ってきたからさ。

年金なんかあてにしなくても、自分たちで働いて作った野菜をこうやって売って、幸せな毎日を送れるんだ。そりゃあ、贅沢《ぜいたく》はできなかったし、人様がうらやむような豪勢な暮らしぶりでもない。でも、人様の世話になったり迷惑をかけたりすることもなく、毎日こうやってからだを動かして元気に生きてる。いいかい、お客さん。農業ほどすごい仕事はないんだよ」
このご主人の発言に、私は返すことばを持ちませんでした。ただ、「おっしゃる通りです。すみませんでした」と素直に頭を下げ、新鮮でおいしそうな野菜をたくさん買って帰りました。

今、多くの若者が農業に対して偏見《へんけん》を持っています、この時の私のように。そのため、若者たちの間で最も人気のない仕事の一つとなってしまっています。でも、ご主人と話していてもう一つ気づいたことがあります。それは農業が生み出す食材なしでは、私たちは健康に生きられないということです。農業は私たちの命を守り育てる大切な仕事なのです。君たちの将来の仕事の中に、農業という選択肢《し》を加えてみませんか。

# こころのスパイスを買いに商店街へ

みなさんは食材を買う時、どこに行きますか。今、日本人の多くが、スーパーマーケットで買い物をしています。確かに、スーパーは便利です。カートにかごを乗せて店内を1周すれば、野菜、魚、肉、調味料からお菓子、飲み物はもちろんのこと日用品まで、日常生活に必要なものはほとんど手に入ります。しかも、一般の小売価格より引き下げられた物が多いですし、品質管理も厳しいため安心、安全です。今や、日本でスーパーのない町を探すことは難しいでしょう。

でも、その一方で、かつてはどの町にもその中心にあった商店街が、どんどんつぶれて閉店しています。講演で全国を回るとどの町でも、シャッターを閉じた人影のまばらな商店街を目にします。確かに、商店街では魚屋、八百屋《やおや》、肉屋、乾物屋、一つひとつの店を回りながら、欲しい物を買わなくてはなりません。手間もかかるし、時間も必要です。

私が住む町には、まだ元気のいい商店街が残っています。仕事が休みの日は、できる限り商店街で買い物をするようにしています。

相模湾に面しているこの町では、おいしい魚がたくさん獲《と》れますから、まずは魚屋をのぞきます。店先に立てば、すぐに店主の元気な声が飛んできます。「先生、今日はいいすずきが揚がってるよ、刺身でもムニエルでもおいしい。このめとうもうまいよ。ゆでて、酢味噌で食べてみな」次に八百屋に立ち寄ると、店のおばあちゃんが話しかけてきます。「この三浦の春キャベツは朝採りだから新鮮で甘いですよ。千切りにすると苦《にが》みが出るから、手でむしって食べてくださいな」金物屋の前を通れば、奥にいたご主人から呼び止められます。「先生、このあいだ買ってもらった包丁はまだちゃんと切れてますかい。包丁はいつも研《と》いで切れるようにしておかないと駄目ですよ。切れない包丁じゃ、刺身も野菜もまずくなるからね。いつでも研ぎますから持って来てください」

わずか100メートルの商店街を往復するのに1時間以上はかかります。でも、その季節の旬《しゅん》のおいしい食材がたくさん手に入ります。しかも、料理の知識も増えます。

スーパーは物を売ります。でも、よい商店は物とともにこころというスパイスも売っています。商店街の人たちは専門家として、いつもお客さんのことを考えながら商品を仕入れ、一番おいしく食べられるように、あるいはきちんと使えるようにアドバイスしてくれます。こころある店主たちと触れ合いたくて、私は商店街に足を運ぶのです。そんな大好きな商店街、自分の暮らす町だけでなく、できれば日本中の商店街の灯を消したくないと思っています。みなさんもこころのスパイスを買いに、地元の商店街にぜひ立ち寄ってみてください。

# 歩くだけでこころは癒される

香川県で講演した帰りに、1人のお遍路《へんろ》さんと知り合いました。宮城県岩沼市の人で、あの東日本大震災で、妻と幼い子を亡くされたそうです。家も仕事も失い、あの日以来、ずっと哀しみの中で酒浸《びた》りの生活。「何で自分がこんな目にあわなくてはならないのか」と怒《いか》りを爆発させたり、その一方で、生き残ったことが苦しくて、愛する家族のもとに行きたいと死を考えたこともあったようです。

心配した母親が、ある日、先祖をお預けしているお寺に誘ってくれたそうです。亡くなった妻や子どものことを想いながら仏様に祈ると、不思議と気持ちが落ち着いたと言います。でも、住まいである仮設住宅やこころの寄りどころであるお寺の外を歩けば、たくさんの親子連れを見かけます。幸せそうな姿を見るのがつらくて、彼は1年半もの間、お寺と家で引きこもりの生活となりました。

この夏、そんな彼にお寺のご住職が「亡くなった家族のご供養《くよう》のためにも歩いておいで」とそっと背中を押してくれたのです。ご住職から杖《つえ》と装束《しょうぞく》、笠《かさ》をいただき、彼はお遍路を始めました。お遍路さんとは真言宗の開祖である弘法大師ゆかりの四国にある88のお寺を、徳島県から高知県、愛媛県から香川県と順番に回る人たちのことを言います。１２００キロメートル以上の道のりを歩いて回るのです。

「徳島県の一番札所である霊山寺《りょうぜんじ》から順に歩きました。途中何度もやめようと思いましたよ。でも、家に泊めてくれたり、夕食を振る舞ってくださる四国の方々の優しさに触れるたびに、思い直しました。たくさんの勇気をいただき、ここまで来ることができました。今日で49日目、こんな日に水谷先生とお会いできるなんて、亡くなった妻の導《みちび》きです。何しろ、妻は先生の熱烈なファンでしたから。

お遍路はすごいです。ただ歩くことの中で、哀しみやつらさが溶けていきます。

そして、生かされていることの喜びを感じることができます。宮城に戻ったら、今度は人のために働こうと思います」

こんな会話を交わしながら、私はこころの病の治療法のヒントを、彼からたくさんいただきました。

# 「無財の七施」で、みんな幸せに

先日、私はとっても幸せな一日を過ごしました。朝から東京の外国系通信社で取材を受けることになっていました。まず、約束の時間に受付に行くと、2人の外国の方が満面の笑みで「いらっしゃいませ」と挨拶《あいさつ》してくれました。たったそれだけのことで、朝からとても幸せな気持ちになりました。エレベーターホールでも廊下でも、出会う外国の人たちは目が合うたびに会釈《えしゃく》し、微笑んでくれます。おかげで気持ちよく取材を受けることができました。

帰りは最寄りの駅へと歩いたのですが、その日は猛暑でした。道行く人たちは、うだるような暑さの中で険《けわ》しい顔つきの人ばかりです。目が合っても、さっと視線を逸らします。行き交う時にからだがぶつかったので、私が「すみません」と謝っても相手からは何の返事もありません。午前中にあたたまったこころが、暑さにもかかわらず、どんどん冷えていきました。

みなさんの家は、学校は、どうですか。私が午前中に訪問した会社のように、笑顔があふれていますか。優しい丁寧《ていねい》なことばに満ちていますか。それとも、私が帰りに歩いた町中のように、冷え冷えとした無機質なものですか。


私は学生時代から仏教を勉強しています。仏教では、みずからが幸せになるためには布施《ふせ》をしよう、誰かのために役立とうという教えがあります。布施とは、困っている人のために募金や寄付をする、施設を造ったり、食事を提供することもあります。これが、人を幸せにし、そして自分も幸せにしてくれるという教えです。

では、お金がない人は布施ができないのでしょうか。いいえ、そうではありません。その人ができる布施をすればいいのです。

それが「無財の七施《しちせ》」と言って、7つあります。

「眼施《げんせ》」は、いつも優しいまなざしで人と接すること。

「和顔施《わげんせ》」は、誰かと目が合ったら笑顔を返すこと。

「言辞施《ごんじせ》」は、人に優しいことばをいつもかけること。

「身施《しんせ》」は、ゴミや落とし物があったら拾ったりして、自分のからだを使って人のためになることをすること。

「心施《しんせ》」は、思いやりのこころを持って人に接すること。

「床座施《しょうざせ》」は、人に席を譲ること。

「房舎施《ぼうじゃせ》」は、人を家に泊めること。


どうですか。このうちのいくつかは、今すぐにでも実行できることではありませんか。みなさんの家庭や学校、街を、優しさがあふれる笑顔に満ちた幸せな場所にしてくれます。そして、みなさんのこころも優しさに満ち足り、幸せを感じられるはずです。

# おわりに

私は3歳で父を失いました。女手一つで私を育てることのできなかった母は、私を山形に住む祖父母のところに預けました。最愛の母と過ごすことのできない日々。そんな私には、最高の友だちがいました。それは、村の真ん中の大きな木に作られたブランコ。私は寂しい時、哀《かな》しい時、いつもそのブランコに乗り、精一杯の力で大きく漕《こ》ぎました。母のいる横浜の町まであの山を越えて飛んで行きたくて。でも、当然飛んで行くことはできません。とぼとぼと家に戻りました。でも、いつかは、あの山々を越えて母のもとに。私は毎日漕ぎ続けました。そして今、私は愛する母と、愛する家族と、幸せな日々を過ごしています。

私のもとには、当時の私のようにさまざまな問題を抱え、悩み苦しむ子どもたちからの相談が途切れることなく届きます。目の前の大きな壁に押しつぶされ、生きることを、明日を求めることをやめようとしている子どもたちからの相談です。私はその一つひとつの相談に答え続けてきました。多くの人は私に言います「なぜそんなことを続けるのか」と。その理由は簡単です。私は知っているからです。過去や今を悩み苦しむ子どもたちの前に立ちはだかる壁の向こうには、すべての子どもたちに、光り輝くすてきな明日があることを。私はそれを越えました。ただひたすら、まじめに人のために生きることを通して。それを、子どもたちが知ってくれれば、必ず救いが見えてくるのです。

「Beyond《ビヨンド》」私の大好きなことばです。私は、つらい時、哀しい時、こころの中でこのことばを何度も繰り返します。「Beyond」今目の前に立ちはだかるこの壁を越えれば、その向こうには、たくさんの幸せが待っている。私は、いつもそう自分に言い聞かせてきました。この本には、そんな私の想いをたくさん込めました。多くの人たちが、この本を通して幸せになってくれることを願っています。

2014年2月吉日

水谷《みずたに》 修《おさむ》

## 著者略歴

**水谷　修**（みずたに・おさむ）

1956年、神奈川県横浜市に生まれる。上智大学文学部哲学科を卒業。1983年に横浜市立高校教諭となるが、2004年9月に辞職。在職中から継続して現在も、子どもたちの非行防止や薬物汚染の拡大防止のために「夜回り」と呼ばれる深夜パトロールをおこない、メールや電話による相談や、講演活動で全国を駆けまわっている。

主な著書には『夜回り先生』『夜回り先生と夜眠れない子どもたち』『こどもたちへ　おとなたちへ』（以上、小学館文庫）、『増補版さらば、哀しみのドラッグ』（高文研）、『夜回り先生の幸福論　明日は、もうそこに』（海竜社）、『夜回り先生の卒業証書』『夜回り先生　こころの授業』『あおぞらの星』『あおぞらの星2』『いいんだよ』『夜回り先生からのこころの手紙』『子育てのツボ』『夜回り先生　いのちの授業』『ありがとう』『夜回り先生　いじめを断つ』（以上、日本評論社）、共著には『だいじょうぶ』『手放してみる　ゆだねてみる』（以上、日本評論社）などがある。



本書は、中日新聞に連載のエッセー『明日を求めて…』（2011年5月9日〜2013年11月5日）に掲載したものをもとに、大幅に加筆・修正し、編集しました。

# Beyond《ビヨンド》——雨の向こうはいつも晴れ

二〇一四年三月一五日　第一版第一刷発行

著者……水谷　修
発行者……串崎　浩
発行所……株式会社　日本評論社
一七〇-八四七四　東京都豊島区南大塚三-一二-四
電話　〇三-三九八七-八六二一（販売）
FAX　〇三-三九八七-八五九〇（販売）
振替　〇〇一〇〇-三-一六　http://www.nippyo.co.jp/

写真……高砂淳二
装幀……木村行宏
印刷所……精興社
製本所……難波製本



ISBN978-4-535-58666-6　Printed in Japan